Linux embarqué

Mise en place et développement

Pierre Ficheux

Préface de Marc Palazon

Linux embarqué

Mise en place et développement

EYROLLES

Éditions Eyrolles
61, bd Saint-Germain
75240 Paris Cedex 05
www.editions-eyrolles.com

© Groupe Eyrolles, 2018, ISBN : 978-2-212-67484-2

Préface

C'est avec fierté que je prends le clavier pour rédiger ces quelques lignes de préface de l'ouvrage *Linux embarqué, mise en place et développement* rédigé par notre compagnon de route Pierre Ficheux.

Cet ouvrage est pour moi le parfait symbole de ce qui caractérise l'open source : innovation, collaboration mais aussi pérennité. En effet, si l'open source est entré dans les entreprises, ce n'est pas juste pour satisfaire l'appétit de programmeurs à la recherche de technologies de pointe, mais c'est véritablement que les bénéfices sont énormes.

Les administrations, les grandes entreprises, les géants d'Internet, les start-up innovantes s'appuient désormais massivement sur des composants et grands produits open source. Ce n'est pas l'objet ici de faire le recensement complet des bénéfices à déployer des produits open source mais retenez toutefois ceux-ci :

- pérennité et, en cela, *Linux embarqué* en est une parfait illustration ;
- liberté de choix : une moindre dépendance *(lock-in)* vis-à-vis d'un petit nombre de fournisseurs en situation de quasi-monopole ou d'oligopole ;
- respect ou création des standards : les logiciels open source sont par nature plus respectueux des standards, à la fois parce que c'est la condition pour qu'ils s'appuient eux-mêmes sur d'autres briques open source, mais aussi parce qu'ils ne sont pas dans une logique de protection. Certains des grands logiciels open source comme Linux sont d'ailleurs devenus des standards de fait ;
- dynamique d'évolution : les logiciels open source ont un développement qui s'appuie en tout ou partie sur une large communauté de développeurs, ce qui permet une puissance de recherche et développement inégalable.

Aujourd'hui, dans un monde en profonde mutation digitale, les entreprises, les institutions, les associations ont le devoir impératif d'innover et de se transformer. Il en va de leur développement, parfois de leur survie, et cela passe massivement par de profondes mutations au sein de leur IT.

Je suis personnellement persuadé que ce changement n'est possible qu'à deux conditions essentielles et indissociables : l'open source et la transformation.

- L'open source comme un accélérateur de l'innovation, un « mouvement » profond qui s'appuie sur des valeurs essentielles, dont l'intelligence collective et le partage.

- La transformation : à l'opposé de la rupture, les organisations (institutions, entreprises, associations) doivent se réinventer en profondeur pour s'adapter aux modèles de demain.

Toutes ces années d'investissement personnel et collectif en faveur de l'open source n'ont fait qu'encourager notre croyance dans ce modèle alternatif. Au-delà de l'open source, je suis persuadé que seul le « numérique ouvert » a la capacité de transformer durablement nos sociétés en libérant le potentiel d'innovation inscrit dans chacune d'elles. Le numérique ouvert englobe bien sûr l'open source, mais va au-delà en valorisant de nouvelles méthodes de travail et de conception (méthode agile, « lean start-up », hackathon), l'open data, l'accessibilité, les standards libres, l'interopérabilité, le savoir libre, l'innovation ouverte, etc.

La transparence et le travail collaboratif, chantres de l'économie du partage, sont plus que jamais sources d'innovations disruptives, tant d'un point de vue économique que sociétal. Nous avons tous à gagner à rendre l'IT plus ouvert.

Marc Palazon
Président de SMILE
www.smile.fr

Table des matières

CHAPITRE 3
Développer pour Linux embarqué **25**

Avant-propos

Cet ouvrage a pour but de présenter les différentes techniques disponibles pour la création de systèmes embarqués sous Linux. Il correspond à peu près à l'enseignement que je dispense dans les écoles d'ingénieurs ou lors de formations professionnelles.

De nombreux exemples de fichiers de configuration Linux, codes sources en C, scripts shell et « recettes » Buildroot ou Yocto agrémentent la démonstration. S'il faut choisir des qualificatifs pour cet ouvrage, les mots *concret* et *pragmatique* arrivent largement en tête ! Le logiciel libre est beaucoup plus mature qu'il y a 15 ans – date de sortie de la première édition – et la documentation des projets libres majeurs est désormais très complète. Le but du livre n'est donc pas de paraphraser ces documents, mais de donner des exemples pédagogiques et abordables permettant au lecteur d'en tirer le meilleur parti.

Les concepts décrits dans cet ouvrage sont valables quelle que soit la distribution utilisée sur le poste de développement. Cependant, nous avons utilisé la distribution Ubuntu 16.04 (LTS) pour l'ensemble des manipulations.

À qui ce livre s'adresse-t-il ?

Ce livre s'adresse à un public ayant déjà une expérience de Linux et désirant se familiariser avec son utilisation comme système embarqué. Des étudiants peuvent également y trouver source d'inspiration. La lecture complète de l'ouvrage nécessite des notions de programmation en langage C et scripts shell, ainsi que quelques connaissances générales en informatique industrielle. Les sources des exemples présentés sont disponibles en téléchargement à l'adresse https://github.com/pficheux/LE5.

Structure de l'ouvrage

L'ouvrage est divisé en plusieurs chapitres, auxquels s'ajoute une étude de cas. Une brève introduction traite des systèmes embarqués en général, ainsi que de leur champ d'application.

Le deuxième chapitre rappellera quelques notions concernant le logiciel libre, les licences associées et quelques éléments sur Linux au niveau de son architecture système (espaces noyau et utilisateur, démarrage, principaux fichiers remarquables). Nous conclurons par les avantages et inconvénients de l'utilisation de Linux pour les systèmes embarqués.

Le chapitre suivant décrira les outils et méthodes dédiés au développement pour Linux embarqué (compilation croisée, Autotools, CMake). Les outils de mise au point (GDB, Ftrace) seront également abordés. En introduction, nous décrirons brièvement le matériel utilisable, même si l'évolution du marché rend forcément cette inventaire très rapidement obsolète. On peut cependant noter que les plates-formes les plus répandues (Raspberry Pi, BeagleBone Black et autres modules i.MX6) existent depuis plusieurs années, mais il peut en être tout autrement des *outsiders*.

Nous aborderons ensuite un exemple de réalisation d'un système Linux embarqué minimal à partir de composants standards (le noyau Linux et l'outil BusyBox). Ce chapitre a un but purement pédagogique avant d'aborder les véritables outils de construction de distribution.

Une bonne partie de l'ouvrage – presque la moitié – sera ensuite consacrée aux deux principaux outils utilisés pour la création de distributions : Buildroot et Yocto. Nous décrirons ensuite le bootloader U-Boot et son utilisation pour la carte BeagleBone Black.

Nous terminerons l'ouvrage par une étude de cas mettant en œuvre un « objet connecté » (c'est la mode), chargé de mesurer des grandeurs physiques que l'on pourra visualiser sur une application mobile.

Précisions concernant la cinquième édition

Cinq ans ont passé depuis la sortie de la quatrième édition de l'ouvrage *Linux embarqué*. Mis à part quelques paragraphes, cette nouvelle édition est entièrement nouvelle par rapport à la précédente. Cette dernière était un « pavé » de 540 pages et nous avons pris le parti de réaliser une cinquième édition beaucoup plus légère (environ 240 pages), donc moins onéreuse. En effet, il existe désormais une littérature assez fournie sur le sujet et les chapitres très généraux n'ont plus d'intérêt pour le lecteur.

Nous avons également écarté des sujets comme Linux temps réel ou les IHM, sachant que – pour le premier sujet – il existe déjà aux éditions Eyrolles un excellent ouvrage spécialisé, écrit par mon camarade Christophe Blaess.

Remerciements

De par mon attachement à la revue *Linux Magazine* et aux publications des éditions Diamond, je me suis efforcé de prendre la direction de la rédaction du journal *Open Silicium*, dédié aux logiciels et matériels libres pour les systèmes embarqués. L'aventure a duré un an, du numéro 16 (décembre 2015) au numéro 20 (décembre 2016). Les spécialistes du domaine étant peu nombreux et très peu disponibles, il était compliqué de fournir des articles novateurs malgré la fréquence de publication de trois mois. J'étais donc à l'époque très occupé par la chasse aux auteurs et la rédaction d'une bonne partie du magazine ; l'arrêt de la publication du magazine début 2017 était prévisible et fut décidé d'un commun accord avec les éditions Diamond. Cet événement malheureux m'a permis de m'atteler à la rédaction de cette nouvelle édition. J'en profite pour remercier encore une fois Denis Bodor et Arnaud Metzler pour m'avoir proposé l'aventure.

Cette édition est restée fidèle à l'objectif initial : être un support pratique à l'utilisation des technologies Linux dans le monde industriel. Outre les nombreuses formations dispensées sur le sujet, mon cercle d'auditeurs s'est enrichi de plusieurs écoles d'ingénieurs prestigieuses, dans lesquelles le logiciel libre a acquis une place de choix dans les programmes de spécialisation. Je citerai une nouvelle fois l'EPITA, pour laquelle j'ai la charge depuis presque 10 ans de diriger la majeure GISTRE (Génie Informatique des Systèmes Temps Réel et Embarqués). Je remercie donc Christian Dujardin, Pedro Miranda, Laurent Trébulle et Audrey Paris, avec lesquels je collabore très fréquemment afin de transmettre la bonne parole à nos chers étudiant(e)s ! Merci également à Thierry Joubert – enseignant à l'EPITA –, qui s'éloigne peu à peu de Windows Embedded :-).

Je profite de cette nouvelle édition pour remercier des collègues et amis qui ont contribué de près ou de loin à la genèse de cet ouvrage. En premier lieu, je remercie de nouveau l'équipe d'Open Wide Ingénierie (devenue Smile-ECS), dont l'intérêt pour Linux embarqué ne faiblit pas. Merci à Alexandre Lahaye, Arnaud Carrère, Fabrice Dewasmes, Cédric Ravalec, Louis Rannou et Damien Lagneux, qui allient compétence et bonne humeur. Citons également l'équipe des experts ECS, dont Romain Naour, Fabien Dutuit, Vincent Dehors, Jérémy Rosen, Pierre Lamot, et enfin la Direction ECS avec Christophe Brunschweiler et Grégory Bécue.

Merci également à Christophe Blaess, spécialiste reconnu de Linux embarqué et auteur de plusieurs ouvrages chez Eyrolles, avec lequel le partage d'information est toujours profitable. J'adresse un amical clin d'œil à Gilles Blanc, autre spécialiste du domaine doté d'un sens de l'humour et de la repartie sans faille. Merci également à Patrice Kadionik de l'ENSEIRB-MATMECA, Karim Yaghmour et Chris Simmonds. Je remercie une nouvelle fois Muriel Shan Sei Fan qui – même si elle ne fait plus partie des éditions Eyrolles – a contribué à la continuité de mon intérêt pour l'écriture. Enfin, je remercie Alexandre Habian des éditions Eyrolles, qui a su insister plusieurs fois avant que je me décide à reprendre la plume pour cette nouvelle édition !

Outre des collaborateurs ou soutiens techniques, plusieurs auteurs et artistes gravitant dans le monde de l'écriture m'ont aidé ou influencé dans ma tâche. Je citerai parmi eux Michel Audiard, Pierre Desproges et, bien sûr, l'incomparable Molière.

Que le noyau Linux est un fort beau projet

Méritant qu'on passe vacances et soirées

Et que Linus Torvalds en soit ici loué

Pour avoir pu ainsi sauver l'humanité.

Au moment de la relecture de l'ouvrage, j'apprends avec tristesse le décès prématuré de François Peiffer qui fut longtemps Directeur de la recherche et du développement chez Lectra (https://www.lectra.com/fr), entreprise bordelaise emblématique spécialisée dans les logiciels et matériels de découpe. J'ai passé 8 ans chez Lectra, et en 1995 il m'avait soutenu pour le choix de l'utilisation de Linux pour les logiciels développés par l'entreprise. Personnalité forte et charismatique, François m'a beaucoup influencé durant ma vie professionnelle et je tenais ici à honorer sa mémoire en lui dédiant cet ouvrage.

Pierre Ficheux
(août 2017)

1

Introduction
aux systèmes embarqués

Avant d'entrer dans le vif du sujet, nous allons évoquer un bref historique et les principales caractéristiques des systèmes embarqués. Nous citerons également les systèmes
d'exploitation les plus utilisés dans le domaine.

Qu'est-ce qu'un système embarqué ?

Par définition, un système embarqué est l'association de matériel (un calculateur)
et de logiciel. Contrairement à l'informatique classique (poste de travail « desktop »
ou serveur), le système est dédié à un ensemble fini de fonctionnalités et il en est de
même pour le logiciel.

Historiquement, les premiers domaines d'application étaient limités à l'armement
et au spatial, pour lesquels les coûts des programmes sont très élevés. En effet, l'une
des difficultés notoires de l'époque était l'absence de microprocesseur, car le 4004
– premier microprocesseur disponible commercialement – fut créé par Intel (seulement) en 1971. Dans le domaine spatial, on s'accorde à dire que le premier système
embarqué fut l'Apollo Guidance Computer, créé en 1967 par le MIT pour la mission
lunaire Apollo.

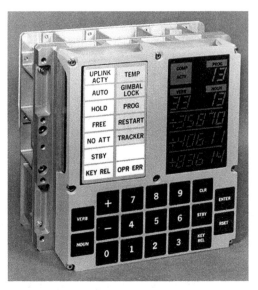

Calculateur Apollo Guidance Computer

Ce système disposait de 36 kilomots de ROM, 2 kilomots de RAM et fonctionnait à la fréquence de 2 MHz. De nos jours, on peut simuler le comportement de ce calculateur grâce à une page web animée par du langage Javascript (voir http://svtsim.com/moonjs/agc.html). Dans le domaine des applications militaires, on évoque également le calculateur D-17B, système de guidage pour le missile LGM-30 datant du début des années 1960.

Calculateur D-17B

Il n'était pas question à l'époque d'évoquer la notion de système d'exploitation embarqué ; on parlait simplement de *logiciel embarqué* écrit en langage machine. En revanche, le programme Apollo utilisait de nombreux calculateurs IBM/360 au sol et le logiciel le plus complexe de la mission occupait 6 Mo. Sur cet IBM/360, la NASA utilisait une version temps réel de l'OS/360 nommée RTOS/360.

> **REMARQUE**
>
> Encore de nos jours, même si l'on utilise désormais des langages évolués comme C/C++, Java ou Ada, certains systèmes embarqués sont toujours dépourvus de système d'exploitation. On parle alors de logiciel *bare metal*.

Évolution vers le système d'exploitation

À partir des années 1980, l'évolution technologique permet à de nombreux systèmes d'exploitation temps réel (RTOS pour *Real Time Operating System*) de fonctionner sur des processeurs du commerce, les RTOS étant pour la plupart diffusés par des éditeurs spécialisés. Nous pouvons citer VRTX (1981) édité par Mentor Graphics et célèbre pour être utilisé dans le télescope Hubble, VxWorks (1987) édité par Wind River et LynxOS (1986) édité par LynuxWorks. VxWorks est toujours très utilisé dans les industries sensibles comme le spatial et fut entre autres choisi pour la sonde spatiale Pathfinder (1996), ainsi que pour la mission Curiosity lancée en 2011 et toujours active. Dans le domaine du logiciel libre, RTEMS est également fréquemment choisi par la NASA ou l'agence européenne (ESA). Initialement dédié au guidage des missiles, ce système diffusé sous licence GPL est utilisé pour le système de communication de Curiosity, ainsi que pour de nombreuses autres missions.

À partir des années 2000, l'utilisation des systèmes embarqués ne se limite plus aux applications industrielles ou temps réel, ce qui permet la percée d'un système comme Linux (qui, par défaut, n'a pas de capacités temps réel). Linux est désormais présent dans 95 % des boîtiers d'accès à Internet, décodeurs TV *(set-top box)*, sans compter le noyau du système d'exploitation Android. De par ses capacités graphiques, ce dernier est désormais présent dans plusieurs boîtiers d'accès à la télévision numérique basés sur Android TV, ainsi que sur quelques applications embarquées dans le domaine du médical ou des terminaux spécialisés (bornes interactives).

Plus récemment, des alliances d'acteurs de l'industrie automobile ont permis la mise en place de projets comme *GENIVI* ou *Automotive Grade Linux* – AGL (basés sur Linux), dont le but est de créer des composants logiciels standardisés pour les applications IVI *(In Vehicle Infotainment)*.

Les systèmes doivent souvent respecter des contraintes de sûreté de fonctionnement et de déterminisme. Ce point est fondamental, car il détermine le choix des composants logiciels à utiliser. Dans le cas d'un système non contraint, on pourra envisager un système d'exploitation directement adapté d'une version standard d'un système comme Linux, voire modifié par PREEMPT_RT ou Xenomai pour disposer de capacités temps réel. L'adaptation se situera au niveau du développement de pilotes de périphériques et de l'optimisation du système en taille ou en performances. Dans le cas d'un système contraint, on devra souvent utiliser des composants spécialisés et un système d'exploitation dédié ou bien des techniques de « co-design » (Linux associé à un microcontrôleur ou un FPGA, voir http://kadionik.vvv.enseirb-matmeca.fr/se/projets_avances/1617/rapport_sujet6_SE_1617.pdf).

> **REMARQUE**
>
> Dans le cas d'applications soumises à de fortes contraintes de sûreté de fonctionnement, les logiciels embarqués doivent respecter des normes internationales strictes, comme la certification DO-178 utilisée dans le transport aérien civil. On utilise alors des systèmes d'exploitation dédiés, répondant à des standards comme ARINC 653, qui assurent un partitionnement spatial et temporel des différentes tâches : ces dernières s'exécutent dans des espaces de mémoire étanches et sont ordonnancées en suivant des priorités fixes. Le site http://www.open-do.org décrit des outils basés sur des logiciels libres et utilisés dans le cas de telles contraintes de certification. Ce site est maintenu par la société AdaCore.

Le domaine de l'équipement grand public a longtemps échappé aux systèmes embarqués, tout d'abord pour des raisons de coût du matériel. De plus, ces équipements fonctionnaient de manière isolée et n'avaient jusqu'ici aucun lien avec les réseaux informatiques. Le développement des services sur Internet – et, de nos jours, l'Internet des objets – a incité les industriels à intégrer des produits initialement peu communicants dans des environnements en réseau. Cette intégration nécessite des protocoles de communication hérités de l'informatique grand public, et donc d'intégrer des couches logicielles supportant ces protocoles. Le cas peut se révéler semblable pour des automates programmables (PLC) que l'on doit interfacer avec le réseau informatique d'une entreprise.

Et l'IoT dans tout ça ?

Karim Yaghmour (grand spécialiste des systèmes embarqués Linux et Android) définit l'IoT avec le sens de l'humour qui le caractérise.

IoT is the new hip way of talking about « embedded systems », something that's been around for about 50+ years.

À l'heure actuelle, il n'est pas une publication (spécialisée ou non) qui n'évoque l'Internet des objets (IoT). Même si l'on est loin d'une révolution, le concept de l'IoT n'est pas seulement un terme marketing, mais correspond à l'association des techniques de l'embarqué – *little data* – et du *big data* (système d'information et cloud).

DÉJÀ EN 1995 !

Avec la notion d'IoT, nous rejoignons ici le concept des *milliards de nœuds* prédit par le chercheur français Christian Huitema dans son ouvrage de vulgarisation *Et Dieu créa l'Internet* (Éditions Eyrolles, 1995) : « *Il y a déjà des microprocesseurs, en fait de tout petits ordinateurs dans bien d'autres endroits [...]. D'ici quelques années, le développement et les progrès de l'électronique aidant, ces microprocesseurs deviendront sans doute de vrais ordinateurs élaborés et il sera tout à fait raisonnable de les connecter à Internet.* »

La mise en place de solutions IoT sur la base de composants libres – approche que nous défendons – pourrait constituer un ouvrage passionnant. L'auteur a d'ailleurs rédigé un livre blanc sur le sujet disponible sur http://www.systematic-paris-region.org/fr/node/22803. Pour montrer sa bonne foi sur le sujet, ce même auteur propose à la fin de l'ouvrage une étude de cas sur le thème de l'IoT. Un capteur de température sous Linux (Raspberry Pi Zero W utilisant Yocto) envoie une trame de données vers un serveur en utilisant le protocole MQTT. Les valeurs peuvent être visualisées grâce à une application Android.

Tour d'horizon des systèmes d'exploitation existants

Nous allons terminer ce chapitre par un rapide tour d'horizon des principaux systèmes d'exploitation utilisés dans les environnements embarqués, à l'exception des systèmes à base de Linux, qui occuperont le reste de l'ouvrage !

FreeRTOS

Selon les statistiques, FreeRTOS est à ce jour le système d'exploitation (RTOS) le plus utilisé dans l'industrie. Il est totalement open source et existe également dans une version commerciale avec support nommée OpenRTOS (voir http://www.freertos.org/a00114.html).

VxWorks

Malgré la forte poussée des systèmes libres comme FreeRTOS, VxWorks est probablement encore aujourd'hui un des RTOS les plus utilisés dans l'industrie (en nombre de licences installées). Il est développé par la société Wind River (http://www.windriver.com). VxWorks est très fréquemment utilisé dans le cas de systèmes embarqués contraints, car certaines versions sont conformes à la norme ARINC 653 déjà citée. Il est cependant peu utilisé dans les systèmes grand public, car peu adapté au multimédia. Depuis quelques années, l'éditeur Wind River a cependant entrepris un virage vers le logiciel libre et les outils de développement sont désormais utilisables pour VxWorks et Linux. La version maison de Linux est nommée *Wind River Linux*, et Wind River – désormais rattachée à Intel – est un contributeur majeur du noyau Linux et du projet Yocto.

QNX

Développé par la société canadienne QNX Software (http://www.qnx.com), QNX est un noyau temps réel de type UNIX-like très intéressant. Il est conforme à POSIX et intègre un environnement graphique proche de X Window System. Conscient de la percée de Linux dans le monde de l'embarqué, QNX Software s'en est rapproché en mettant à disposition la majorité des outils GNU sur sa plate-forme. Très modulaire, il peut occuper une très faible empreinte mémoire et, de ce fait, être utilisé dans des environnements peu coûteux en matériel. QNX connaît de nos jours un nouveau gros succès dans l'automobile, secteur très actif de l'industrie de l'embarqué.

µC/OS II (micro-C/OS II)

Développé par le canadien Jean J. Labrosse, µC/OS II est destiné à des environnements de très petite taille comme les microcontrôleurs. Il est maintenant disponible sur un grand nombre de processeurs et peut intégrer des protocoles standards comme TCP/IP (µC/IP). Il est utilisable gratuitement pour l'enseignement et de nombreuses informations sont disponibles sur https://www.micrium.com.

Windows Embedded

Microsoft est (était) présent sur de nombreux domaines du logiciel embarqué grâce à plusieurs versions compactes de Windows. La société a également investi dans la téléphonie mobile avec *Windows Phone*, chargé de concurrencer iOS et Android. Le désengagement de Microsoft dans les activités liées à l'embarqué et au mobile est de notoriété publique. Cependant, le lecteur intéressé par le sujet pourra contacter des spécialistes reconnus comme la société parisienne THEORIS (http://www.theoris.fr).

LynxOS

LynxOS est développé par la société LynxWorks (http://www.lynuxworks.com), qui a modifié son nom il y a quelques années en raison de son virage vers Linux et le développement de BlueCat. LynxOS est un système temps réel conforme à la norme POSIX.

Nucleus

Nucleus est développé par la société Mentor Graphics (https://www.mentor.com/embedded-software/nucleus). C'est un noyau temps réel qui inclut une interface graphique (Grafix), un navigateur web (WebBrowse), ainsi qu'un serveur HTTP (WebServ). Nucleus est fréquemment utilisé dans les terminaux bancaires de paiement électronique (TPE).

VRTX

Ce système assez ancien est connu pour équiper le télescope spatial Hubble. Il permet de gérer des processus contraints en mettant en place un système de partitionnement spatial (rien à voir avec Hubble !) et temporel.

eCos

Acronyme pour *embeddable Configurable operating system*, eCos fut initialement développé par la société Cygnus *(Cygnus, Your GNU Support)*, figure emblématique annonçant l'open source professionnel, acquise ensuite par la société Red Hat Software. C'est un système d'exploitation temps réel bien adapté aux solutions à très faible empreinte mémoire et profondément enfouies. Son environnement de développement est basé sur Linux, et la chaîne de compilation GNU est conforme au standard POSIX. Argument non négligeable, il est diffusé sous une licence proche de la GPL et disponible avec ses sources sur http://ecos.sourceware.org. Le système eCos est utilisé dans l'industrie automobile, dans certaines imprimantes laser ou des produits multi-médias comme le casque ZIK de Parrot. Il est disponible pour un grand nombre de processeurs comme les x86, PowerPC, SHx et ARM.

Contiki

Contiki (http://www.contiki-os.org) est un système d'exploitation libre très utilisé pour l'IoT et développé depuis 2002 par le *Swedish Institute of Computer Science* (SICS). Le système est diffusé sous licence BSD. Il est léger, flexible et dispose d'une plate-forme de simulation (Cooja). Ce système est bien adapté aux capteurs, car il occupe quelques dizaines de kilo-octets et peut fonctionner sur des processeurs 8 à 32 bits. Un ouvrage en ligne concernant l'utilisation de Contiki dans l'IoT est disponible sur http://wireless.ictp.it/school_2016/book/IoT_in_five_days-v1.0.pdf.

RIOT

RIOT (https://riot-os.org) est également un système d'exploitation libre dédié à l'IoT. Diffusé sous licence LGPL, son développement a démarré en 2008 et il est maintenu par l'INRIA. Tout comme Contiki, il peut fonctionner avec une très faible empreinte mémoire (1,5 kilo-octets) sur des plates-formes de 8 à 32 bits (plus de 80 cartes prises en charge, dont une émulation sous QEMU/x86). C'est un RTOS qui supporte le multi-threading, le protocole 6LoWPAN. Autre point important, il dispose d'une API POSIX. Il a fait l'objet de deux articles dans *Open Silicium* (numéros 18 et 19).

Conclusion

Ce chapitre a rappelé brièvement quelles étaient les applications et les contraintes liées aux systèmes embarqués. Dans le chapitre suivant, nous ferons quelques rappels sur le logiciel libre et Linux, et nous verrons dans quels cas il est possible de l'utiliser pour des solutions embarquées.

2

Rappels sur Linux
et le logiciel libre

Quinze ans après la première édition de l'ouvrage, une description généraliste de Linux – et du logiciel libre en général – n'est plus d'une grande utilité, car la notoriété des deux n'est plus à faire. Cependant, nous profiterons de ce chapitre pour évoquer quelques rappels. Suite à cela, une partie plus technique décrira brièvement les principaux éléments de l'architecture du système Linux et dans quels cas il peut être utilisé (ou non) pour des systèmes embarqués.

Logiciel libre, concepts et licences

La licence est un document autorisant l'utilisation d'un logiciel sous certaines conditions ; elle constitue un contrat entre l'éditeur et l'utilisateur. Une licence *libre* ajoute trois libertés fondamentales :

- utiliser le logiciel (même commercialement) ;
- étudier et modifier le code source ;
- distribuer la version modifiée.

Le logiciel libre ne doit pas être confondu avec le *freeware*, dont le code source n'est pas disponible et la licence pas forcément compatible avec le modèle libre. De même, dans le cas du *domaine public*, l'auteur abandonne ses droits mais, de nouveau, le code source n'est pas forcément disponible.

> **REMARQUE**
>
> De nombreuses discussions évoquent la différence entre *logiciel libre* et *open source*. L'open source repose sur les principes du logiciel libre, mais est né d'une scission avec la FSF *(Free Software Foundation)* vers 1998 et la création de l'OSI *(Open Source Initiative)* par Eric Raymond. Selon Richard Stallman, la différence fondamentale entre les deux concepts réside dans leur philosophie :
> « *L'open source est une méthodologie de développement, alors que le logiciel libre est un mouvement social.* »
> Un article très instructif est disponible à l'adresse http://www.tomshardware.fr/articles/open-source-developpement,2-653-4.html.

Licence GPL

Les logiciels libres sont pour la plupart régis par des licences très structurées, dont une des plus plus célèbres est la GPL *(General Public License)* produite par la Free Software Foundation de Richard Stallman dans le cadre du projet GNU. Cette licence est une des plus utilisées dans l'environnement Linux (mais pas la seule), car elle permet de garantir le mieux possible la disponibilité permanente des sources d'un logiciel libre.

La GPL est basée sur la notion de *copyleft* (opposé du *copyright*), qui oblige toute modification d'un logiciel sous GPL à être publiée. Les trois principes de la GPL peuvent s'énoncer comme suit.

* La licence s'applique uniquement en cas de redistribution.
* Un code source basé sur du code GPL est considéré comme du *travail dérivé* et doit être publié. De ce fait, celui qui reçoit la version binaire est en droit d'en obtenir le code source.
* Dans le cas d'un programme exécutable, un lien statique ou dynamique entre des composants propriétaires et des composants sous GPL est illégal. Dans le cas d'une application propriétaire, il faut donc vérifier qu'aucune bibliothèque *liée* n'est sous licence GPL.

La GPL v2 (datant de 1991) est la plus répandue dans l'environnement Linux. Elle est utilisée pour le noyau Linux et de nombreux outils libres.

Isolation et licence LGPL

Dans de nombreux cas, il n'est pas possible de publier le code source d'une application utilisant une bibliothèque sous GPL, pour des raisons de propriété intellectuelle ou de confidentialité. La licence LGPL (Lesser/Library GPL) fait disparaître la troisième contrainte liée à la GPL. De ce fait, les bibliothèques système – comme la

Glibc – sont diffusées sous LGPL. Certains disent que la LGPL évite la *contamination* par la GPL d'un programme sous licence propriétaire.

Espace du noyau

Dans l'espace du noyau (et des pilotes de périphériques), seule la GPL s'applique (en théorie) et la non-déclaration de cette licence dans le code source du module – par la ligne `MODULE_LICENSE("GPL")` – entraîne l'affichage d'un message d'avertissement *module license 'unspecified' taints kernel*. Plus grave que l'avertissement, certains symboles du noyau ne seront pas utilisables dans un pilote qui ne déclare pas être sous GPL s'ils sont exportés avec la macro `EXPORT_SYMBOL_GPL` au lieu de `EXPORT_SYMBOL` (voir https://www.kernel.org/doc/htmldocs/kernel-hacking/sym-exportsymbols-gpl.html).

En pratique, l'écosystème Linux prend quelques libertés avec ces règles strictes et certains pilotes sont fournis avec des fichiers binaires. L'exemple le plus connu est la société NVIDIA, dont le cas a provoqué une réaction très violente de Linus Torvalds lors d'une conférence en juin 2014 : voir https://www.youtube.com/watch?v=MShbP3OpASA à la minute 48:15 ! Tout le monde n'étant pas NVIDIA, il est donc judicieux d'éviter autant que possible les développements en espace noyau (ou du moins de respecter la GPL).

Licence GPL v3

La GPL v3 est une nouvelle version sortie en 2007 afin de mettre fin (selon Richard Stallman) à la *tivoisation* de l'industrie (en référence à la société TiVo, voir https://www.tivo.com). Plus généralement, le problème invoqué est la fourniture du code source (GPL), mais sans garantir le fonctionnement du système modifié, car ce dernier utilise forcément des composants non libres. Contrairement à la GPL v2, la GPL v3 oblige le fabricant à garantir le fonctionnement d'un logiciel libre modifié.

Cette nouvelle licence est utilisée sur plusieurs composants d'une distribution GNU/Linux comme Bash ou Tar, mais Linus Torvalds s'est toujours opposé à son utilisation pour les sources du noyau (ce qui est plutôt une bonne nouvelle pour les industriels).

Licence Apache

La licence Apache est utilisable en espace utilisateur et certains composants d'une distribution Linux l'utilisent (en commençant par le serveur Apache). La version 2.0 fut proposée par la fondation Apache en 2004 ; elle est proche des licences BSD et MIT. La principale différence avec la GPL/LGPL est l'absence de *copyleft*, donc de notion de travail dérivé que l'on doit publier. Elle est largement utilisée par Android, hormis pour le noyau Linux.

Outils liés aux licences libres

Comme nous le verrons plus loin, Yocto et Buildroot incluent des fonctionnalités liées aux licences, en particulier :

- obtenir la liste des licences des composants constituant une distribution ;
- accepter ou non les licences commerciales dans une distribution (cas de l'option `LICENSE_FLAGS_WHITELIST = "commercial"` pour Yocto).

D'autres outils, comme le projet libre *FOSSology*, permettent de vérifier la compatibilité des licences. L'outil commercial *Black Duck* est une référence dans le domaine, mais il est le plus souvent réservé aux grosses structures.

From UNIX to Linux

Après cette introduction, nous allons rappeler en quelques pages le fonctionnement d'un système Linux. À quelques exceptions près, la structure du système Linux est calquée sur celle des autres systèmes UNIX (figure suivante).

- Un noyau (kernel) réalise les fonctions essentielles comme la gestion des tâches et de la mémoire, ainsi que l'interfaçage entre le matériel et les applicatifs, grâce aux appels systèmes et aux pilotes de périphériques.
- Les exécutables du système sont pour certains indispensables. Nous évoquerons plus loin le programme `init` ou l'interpréteur de commandes `sh` ou `bash`.
- De nombreuses bibliothèques sont utilisées par les applicatifs. A minima, on devra disposer de la bibliothèque libC fournissant les fonctions de base utilisées pour le développement C/C++. Dans le cas de Linux, la référence est la Glibc (GNU-libC), mais nous évoquerons d'autres versions dans la suite de l'ouvrage.

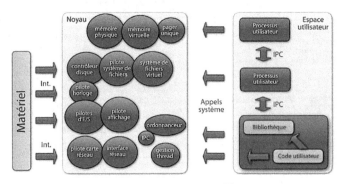

Structure du système UNIX/Linux

À cette architecture, il faut ajouter un programme de démarrage ou *bootloader*. Le schéma de démarrage d'un système Linux est relativement simple et peut être décomposé comme suit.

1. Démarrage du bootloader et initialisation du matériel par ce dernier. Dans le cas de l'architecture x86, l'étape de chargement du BIOS précède le démarrage du bootloader GRUB.

2. Chargement et exécution du noyau Linux. Cette phase s'accompagne de l'initialisation des périphériques matériels indispensables au démarrage, donc du chargement des pilotes de périphériques associés. Le noyau Linux tente également de monter sa partition principale ou *root-filesystem* (en abrégé *root-fs*), sur laquelle il ira chercher les éléments nécessaires à la suite du démarrage.

3. Lorsque le noyau Linux est chargé, il exécute un programme d'initialisation qui, par défaut, correspond à l'exécutable `/sbin/init`. Cependant, on peut facilement lui indiquer de passer la main à un autre programme, via le paramètre `init=nom_de_programme`.

4. Dans le cas de l'utilisation du programme `init` standard, ce dernier explore le fichier de configuration `/etc/inittab`, qui contient le chemin d'accès à un script de démarrage. Le script en question poursuit l'initialisation du système.

Dans la majorité des cas, le fichier `/etc/inittab` contient au moins la ligne suivante.

Extrait du fichier /etc/inittab

```
# System initialization (runs when system boots).
si:S:sysinit:/etc/rc.d/rc.sysinit
```

> **REMARQUE**
>
> Dans les versions récentes des distributions Linux, la logique de démarrage a évolué et on utilise systématiquement *systemd*. Dans ce cas, le fichier `/etc/inittab` n'existe plus. Dans un système embarqué, l'utilisation de ce fichier peut cependant être envisagée, comme nous le verrons dans les exemples de l'ouvrage (mais on peut également utiliser systemd).

Le noyau Linux

Le noyau est l'élément principal du système, et ce pour plusieurs raisons. La première est historique, puisque ce noyau fut initialement conçu par Linus Torvalds, le reste du système étant constitué de composants provenant en majorité du projet GNU de Richard Stallman. Les puristes parlent donc du système d'exploitation GNU/Linux. L'autre raison est technique et tient à la structure monolithique du noyau, qui en fait l'interface unique entre le système et le matériel.

Même si le noyau Linux fut créé au début des années 1990, soit plus de vingt ans après le premier noyau UNIX, l'architecture choisie est quasiment identique. Cela valut à Linus Torvalds les reproches d'Andrew Tannenbaum, l'auteur de MINIX, une version d'UNIX utilisée par Torvalds pour construire son premier système : « *To me, writing a monolithic system in 1991 is a truly poor idea.* »

Le noyau Linux est donc un fichier exécutable unique (`vmlinux`, `vmlinuz`, `zImage`, `bzImage`) chargé d'assurer les fonctions essentielles du système comme l'ordonnancement des tâches, la gestion de la mémoire et le pilotage des périphériques, que ceux-ci soient matériels ou bien virtuels comme les systèmes de fichiers (VFAT, EXT3/4). Le noyau est divisé en sous-systèmes, comme l'indique la figure suivante.

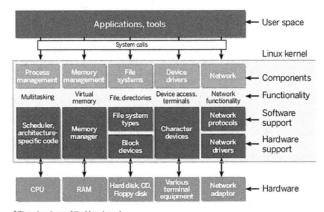

❭ The subsystems of the Linux kernel.

Sous-systèmes du noyau Linux

Le noyau statique peut être étendu avec des modules dynamiques, dont nous étudierons des exemples simples dans la suite de l'ouvrage. De même, quelques éléments supplémentaires concernant le noyau seront étudiés au cours des chapitres.

Répertoires et fichiers principaux

Le système d'exploitation Linux est remarquablement bien organisé en ce qui concerne la répartition des fichiers système. La raison principale en est l'héritage des architectures UNIX qui, en dépit de leurs différences, ont su garder une structure homogène et facilement compréhensible pour un administrateur teinté d'une culture UNIX générique. En effet, même si la guerre des UNIX fit rage pendant de nombreuses années, il est relativement simple pour un administrateur système Solaris – donc SVR4 – d'administrer un système FreeBSD ou Linux, la réciproque étant vraie. La seule difficulté réside le plus souvent dans la connaissance des outils d'administration propriétaires fournis par les éditeurs afin de faciliter le travail d'administration du système. Sachant qu'un véritable administrateur UNIX œuvre exclusivement à l'éditeur de texte vi ou au pire Emacs, il n'y a pas beaucoup de souci à se faire de ce côté-là.

L'organisation des fichiers d'un système Linux est définie par un document intitulé dans sa version originale le *Filesystem Hierarchy Standard* (FHS), que l'on peut traduire par « standard d'organisation du système de fichiers ». Ce document n'est pas une norme, mais vise à unifier l'organisation des systèmes de fichiers UNIX/Linux. Il est disponible à l'adresse http://www.pathname.com/fhs.

Le noyau Linux nécessite la présence d'un *root-filesystem*. La commande mount permet de connaître la partition physique associée à ce système de fichiers, symbolisé par le caractère /.

```
$ mount
/dev/sdb1 on / type ext4 (rw,relatime,errors=remount-ro,data=ordered)
```

Organisation générale

D'après le FHS, le système de fichiers de Linux est organisé de la manière suivante, du moins pour les entrées principales.

Les principales entrées du système de fichiers de Linux

```
/ Racine du système
 ├ bin     Principales commandes utilisateur
 ├ boot    Noyaux statiques
 ├ dev     Pseudo-fichiers (device nodes)
 ├ etc     Fichiers de configuration
 ├ lib     Bibliothèques partagées
 ├ media   Points de montage dynamiques
 ├ mnt     Points de montage temporaires
 ├ opt     Applications externes
 ├ proc    Système de fichiers virtuel /proc
 ├ sbin    Principales commandes système
 ├ sys     Système de fichiers virtuel /sys
 ├ tmp     Répertoire temporaire
 ├ usr     Hiérarchie secondaire
 └ var     Données variables
```

Les différents systèmes de fichiers situés en dessous de la racine peuvent être :
- *partageables*, que l'on peut utiliser entre plusieurs machines, par exemple à travers un montage NFS (ex. : /opt) ;
- *non partageables*, locaux à une machine (ex. : /etc) ;

- *statiques*, qui ne sont pas modifiés au cours du fonctionnement de la machine (ex. : /usr) ;
- *variables*, qui sont modifiés au cours du fonctionnement de la machine (ex. : /var).

Les systèmes de fichiers statiques peuvent être montés en lecture seule, alors que ceux qui sont variables doivent l'être en lecture-écriture. Ces derniers points ont parfois une grande importance dans le cas d'un système embarqué, car cela conditionne la configuration matérielle du système au niveau du type de périphérique de stockage.

Le répertoire /bin contient les commandes utilisateur les plus communes (par exemple, /bin/ls), accessibles à tous les utilisateurs et ne doit pas contenir de sous-répertoire. Une liste minimale de commandes disponibles est requise par le FHS.

Le répertoire /sbin contient les principales commandes système, théoriquement réservées au super utilisateur. Certaines commandes sont accessibles partiellement à l'utilisateur standard.

Le répertoire /boot contient la partie statique du noyau Linux (vmlinuz), ainsi que les fichiers auxiliaires comme System.map ou les fichiers initrd.*.

Le répertoire /usr est une hiérarchie secondaire ; elle contient des sous-répertoires de commandes utilisateur (/usr/bin), des commandes système (/usr/sbin) ou des bibliothèques partagées (/usr/lib).

Le répertoire /media contient les points de montage temporaires utilisés lorsque l'on insère un support amovible.

Le répertoire /tmp est une zone de stockage de fichiers temporaires.

Le répertoire /dev

Le répertoire /dev contient les fichiers spéciaux associés aux pilotes de périphériques. Les pilotes sont en effet accessibles à travers des fichiers spéciaux appelés également nœuds (ou *device nodes*), caractérisés par deux valeurs numériques :
- le *majeur*, qui identifie le type de périphérique, donc le type de pilote ;
- le *mineur*, qui représente un identifiant en cas de présence de plusieurs périphériques identiques contrôlés par un même pilote, ou bien dans le cas d'une classe de pilotes identifiée par le majeur (exemple : mineur 4 pour un pilote de type TeleTYpe ou tty).

L'exemple ci-après donne la liste des fichiers spéciaux associés aux pilotes des ports série :

```
$ ls -l /dev/ttyS*
crw-rw---- 1 root dialout 4, 64 avril 23 09:43 /dev/ttyS0
crw-rw---- 1 root dialout 4, 65 avril 23 09:43 /dev/ttyS1
crw-rw---- 1 root dialout 4, 66 avril 23 09:43 /dev/ttyS2
crw-rw---- 1 root dialout 4, 67 avril 23 09:43 /dev/ttyS3
```

Dans ce cas, le majeur vaut 4 et les mineurs vont de 64 à 67. Pour créer une nouvelle entrée dans le répertoire /dev, on utilise la commande mknod en tant qu'administrateur.

Création d'un nœud en mode caractère

```
# mknod /dev/monpilote c majeur mineur
```

Création d'un nœud en mode bloc

```
# mknod /dev/monpilote b majeur mineur
```

Le caractère c indique que l'on dialogue avec le périphérique en mode caractère, ce qui correspond à des échanges *non bufferisés*. On peut aussi utiliser des périphériques en mode bloc, ce qui impose de dialoguer par blocs de données de taille fixe (512, 1 024, 2 048, etc.). La mémoire de masse est un exemple de périphérique en mode bloc. Dans ce cas, l'entrée dans le répertoire /dev sera créée avec l'option b à la place de c.

Le système de fichiers proc

Pour communiquer avec l'espace utilisateur, le noyau Linux utilise un type de système de fichiers emprunté à SVR4 et nommé *proc* (et monté sur /proc). À la différence des systèmes de fichiers classiques, qui sont associés à des périphériques réels, le contenu du répertoire /proc est virtuel. Sa structure en fait une représentation aisée pour manipuler des paramètres du noyau Linux sous forme de fichiers. On peut de ce fait utiliser les commandes standards de manipulation des fichiers classiques, ainsi que la redirection des entrées/sorties, très utilisée sous Linux. À titre d'exemple, la commande lsmod n'est qu'un outil de présentation du fichier virtuel /proc/modules.

Contenu de /proc/modules et résultat de la commande lsmod

```
$ head /proc/modules
ses 20480 0 - Live 0x0000000000000000
enclosure 16384 1 ses, Live 0x0000000000000000
uas 24576 0 - Live 0x0000000000000000
usb_storage 69632 1 uas, Live 0x0000000000000000
nfsd 319488 13 - Live 0x0000000000000000
auth_rpcgss 61440 1 nfsd, Live 0x0000000000000000
nfs_acl 16384 1 nfsd, Live 0x0000000000000000
lockd 94208 1 nfsd, Live 0x0000000000000000
grace 16384 2 nfsd,lockd, Live 0x0000000000000000
sunrpc 335872 17 nfsd,auth_rpcgss,nfs_acl,lockd, Live 0x0000000000000000
```

```
$ lsmod | head
Module              Size    Used by
ses                 20480   0
enclosure           16384   1 ses
uas                 24576   0
usb_storage         69632   1 uas
nfsd                319488  13
auth_rpcgss         61440   1 nfsd
nfs_acl             16384   1 nfsd
lockd               94208   1 nfsd
grace               16384   2 nfsd,lockd
```

On peut visualiser les paramètres standards du système : la mémoire disponible avec /proc/meminfo, la version du noyau avec /proc/version, le type de processeur utilisé avec /proc/cpuinfo, la liste des systèmes de fichiers pris en charge par le noyau avec /proc/filesystems. Cette liste n'est bien entendu pas exhaustive, car un pilote de périphérique peut ajouter dynamiquement des fichiers et des répertoires à /proc lors du chargement du module associé.

De même, les valeurs numériques présentes dans /proc représentent les zones d'information des processus courants, chaque valeur correspondant au PID *(Processus IDentifier)*. Ces sous-répertoires contiennent les informations propres au processus. La visualisation des informations des processus fut d'ailleurs la première utilisation de /proc, ce qui explique le nom de ce système de fichiers. L'exemple suivant montre les paramètres du processus dropbear.

Liste des paramètres d'un processus

```
$ sudo ls -lt /proc/1039 | more
total 0
dr-xr-xr-x 2 root root 0 juil. 24 09:40 attr
-rw-r--r-- 1 root root 0 juil. 24 09:40 autogroup
-r-------- 1 root root 0 juil. 24 09:40 auxv
-r--r--r-- 1 root root 0 juil. 24 09:40 cgroup
--w------- 1 root root 0 juil. 24 09:40 clear_refs
-rw-r--r-- 1 root root 0 juil. 24 09:40 comm
-rw-r--r-- 1 root root 0 juil. 24 09:40 coredump_filter
-r--r--r-- 1 root root 0 juil. 24 09:40 cpuset
lrwxrwxrwx 1 root root 0 juil. 24 09:40 cwd -> /
-r-------- 1 root root 0 juil. 24 09:40 environ
dr-x------ 2 root root 0 juil. 24 09:40 fd
dr-x------ 2 root root 0 juil. 24 09:40 fdinfo
-rw-r--r-- 1 root root 0 juil. 24 09:40 gid_map
```

Le fichier status contient des informations sur l'état du processus :

```
$ sudo cat /proc/1039/status
Name:    dropbear
State:   S (sleeping)
Tgid:    1039
Ngid:    0
Pid:     1039
PPid:    1
...
```

Le système de fichiers /proc est également accessible en écriture pour certaines variables, ce qui permet de modifier dynamiquement le comportement du noyau Linux sans aucune compilation ni même redémarrage. Un exemple classique est la validation d'options, comme pour le transfert de paquets IP *(IP forwarding)*.

Lecture de l'état de l'IP forwarding

```
$ cat /proc/sys/net/ipv4/ip_forward
1
```

Le système retourne la valeur 1, ce qui signifie que l'*IP forwarding* est validé. On peut l'inhiber en utilisant simplement la commande echo. Qui a dit que Linux était compliqué ?

Désactivation de l'IP forwarding

```
# echo 0 > /proc/sys/net/ipv4/ip_forward
```

Une description complète du contenu de /proc est disponible dans le fichier Documentation/filesystems/proc.txt livré avec les sources du noyau Linux.

Le système de fichiers sysfs

Avec le développement des périphériques amovibles, il est nécessaire de gérer dynamiquement la configuration matérielle de la machine. Le passage au noyau 2.6 fin 2003 apporta une grande amélioration, avec l'apparition du système de fichiers virtuel *sysfs* (monté sur /sys), utilisé en plus de /proc. Là où /proc définit les paramètres logiciels du noyau, /sys maintient les paramètres matériels et rend possible des services de *hotplug*, même si /proc fournit quelques informations sur la configuration matérielle. En premier lieu, le service udev utilise /sys.

Une description détaillée est disponible dans les fichiers Documentation/sysfs-rules.txt et Documentation/filesystems/sysfs.txt.

> **REMARQUE**
>
> Le répertoire /dev correspond désormais à un répertoire virtuel de type *devtmpfs*, construit au démarrage du système grâce aux entrées du répertoire /sys/class.

Gestion des services

Le répertoire /etc contient la majorité des fichiers et sous-répertoires de configuration du système. Les sous-répertoires sont classés en fonction du type de configuration associé :

- /etc/sysconfig pour la configuration générale du système ;
- /etc/X11 pour la configuration de l'interface graphique X11.

Plus généralement, le répertoire /etc/machin_truc contiendra les fichiers de configuration spécifiques à l'application machin_truc. On notera que le répertoire /etc/init.d contient les scripts de démarrage du système.

Le système Linux utilisait pour cela le système des niveaux d'exécution ou *run levels* introduit par SVR4. Basé sur le lancement de services en fonction du niveau d'exécution, ce système a le gros avantage de définir proprement la syntaxe et la localisation des différents scripts de démarrage dans des sous-répertoires correspondant aux niveaux d'exécution. Comme nous l'avons dit précédemment, et même si les scripts sont toujours présents, la gestion des services est désormais prise en charge par systemd et le fichier /etc/inittab n'existe plus sur les distributions classiques. Notons que systemd peut être utilisé sur des images produites par Buildroot ou Yocto.

Les bibliothèques partagées

Le répertoire /lib contient les bibliothèques principales du système, ainsi que les modules du noyau. Comme tous les systèmes d'exploitation modernes, Linux utilise un système de bibliothèques partagées entre les différents exécutables. D'autres avantages sont induits, comme la mise à jour unique par simple remplacement de la bibliothèque partagée.

Le répertoire /lib doit contenir les bibliothèques partagées nécessaires aux commandes des répertoires /bin et /sbin. Pour connaître les bibliothèques partagées utilisées par un programme, on peut faire appel à la commande ldd.

Exemple d'utilisation de la commande ldd

```
$ ldd /bin/true
linux-vdso.so.1 =>   (0x00007ffc2adf4000)
libc.so.6 => /lib/x86_64-linux-gnu/libc.so.6 (0x00007f2429045000)
/lib64/ld-linux-x86-64.so.2 (0x00005587eba2d000)
```

Tous les programmes sous Linux utilisent les bibliothèques suivantes :

- `libc.so.6`, la bibliothèque libC du système (Glibc) ;
- `ld-linux-x86-64.so.2`, l'éditeur de liens dynamiques, qui permet de charger les bibliothèques nécessaires au programme.

D'autres répertoires comme `/usr/lib` peuvent contenir des bibliothèques partagées utilisées par les commandes du répertoire `/usr/bin`. Hormis `/lib` et `/usr/lib`, la liste des répertoires explorés pour la recherche des bibliothèques partagées se trouve dans le fichier `/etc/ld.so.conf` ou bien dans les fichiers du répertoire `/etc/ld.so.conf.d`.

Pour ajouter un répertoire contenant des bibliothèques partagées, il suffit d'ajouter un fichier dans `ld.so.conf.d` et d'utiliser la commande `ldconfig` afin que le système le prenne en compte.

Fichier de configuration pour Fakeroot

```
$ cat /etc/ld.so.conf.d/fakeroot-x86_64-linux-gnu.conf
/usr/lib/x86_64-linux-gnu/libfakeroot
```

Le répertoire /var

Le répertoire `/var` est une zone variable de stockage de données.

- Les fichiers verrous ou *lock files* permettent d'assurer l'exclusivité d'utilisation de certaines ressources comme les ports série. Ces fichiers sont localisés dans le répertoire `/var/lock` et contiennent le numéro de processus (PID) ayant verrouillé le périphérique.
- Les fichiers de trace ou *log files* contiennent les traces d'exécution de certains programmes. Le répertoire utilisé est `/var/log` et le fichier de trace principal est `/var/log/syslog`. Dans le cas d'un système embarqué, on veillera bien sûr à limiter les traces au strict minimum. Les distributions utilisent généralement des systèmes de purge automatique des fichiers de trace et les systèmes embarqués utilisent des versions simplifiées du démon `syslogd` intégrées à *BusyBox*, que nous étudierons plus tard.
- Les files d'attente ou *spool directories* permettent de stocker temporairement des fichiers en attente de traitement par un autre processus. Le répertoire utilisé est `/var/spool`.
- Les fichiers de fonctionnement ou *PID files* indiquent simplement qu'un programme donné tourne à l'instant présent avec le PID inscrit dans le fichier. Le format du fichier est le plus souvent du type `<nom_du_programme>.pid`.

Conclusion

En conclusion, nous allons évoquer les avantages et inconvénients de l'utilisation de Linux pour des systèmes embarqués.

Pourquoi Linux est-il adapté à l'embarqué ?

Sauf dans le cas d'une version commerciale, il est difficile d'obtenir des chiffres précis concernant l'utilisation de Linux, vu qu'il est possible de l'utiliser et de le dupliquer sans s'acquitter de licence. Les statistiques sont en majorité réalisées sous forme de sondages auprès des utilisateurs. Outre les chiffres, le système Linux dispose de nombreux atouts fondamentaux dans le cadre d'une utilisation industrielle :

- fiabilité ;
- performances ;
- portabilité et adaptabilité ;
- ouverture ;
- utilisant des licences libres.

Nous avons volontairement retiré le terme *gratuit* de la liste des avantages et nous ne saurions trop mettre en garde le lecteur contre la tentation du *tout gratuit*. Le fait de recourir à des prestations externes pour la formation et l'assistance au développement d'un projet Linux embarqué peut faire gagner un temps précieux et permet un transfert technologique efficace en vue des projets suivants. Plus généralement, cette approche de gratuité excessive peut mettre en péril l'industrie du logiciel libre, souvent basée sur le service et le support. Le fait de profiter des énormes avantages du logiciel libre implique une certaine déontologie, qui se révèle un bon investissement à moyen et long termes.

Dans quels cas Linux peut-il être inadapté ?

Il existe bien entendu des cas pour lesquels Linux est inadapté. Si le système à embarquer nécessite uniquement des fonctions de base n'incluant pas de support réseau ni de multitâche et si cet équipement n'est pas destiné à évoluer, il n'est pas forcément intéressant d'utiliser un système aussi riche que Linux. Si vos contraintes matérielles ne sont pas compatibles, oubliez Linux et rabattez-vous sur d'autres systèmes comme FreeRTOS, eCos, Contiki ou µC/OS II. Soyez cependant attentif à ne pas développer le système à trop court terme, car un Linux est très évolutif et pourra suivre les progressions technologiques de votre produit pendant longtemps. L'ajout d'un nouveau protocole à un système maison est souvent une tâche longue et difficile.

L'utilisation de la licence GPL/LGPL peut également se révéler contraignante. Dans ce cas, il se peut que vous soyez amené à préférer une solution propriétaire, ou bien une autre solution libre basée sur un autre type de licence plus permissif, comme la licence Apache.

Enfin, la conformité par rapport à certains standards industriels (comme les standards de l'aéronautique) est bien évidemment en dehors du spectre de Linux.

Points clés

- Les licences libres sont très importantes pour un projet de système embarqué Linux.
- L'architecture d'un système Linux (embarqué) est identique à celle d'un système Linux serveur ou « desktop ».
- Linux est utilisable dans la plupart des projets, sauf dans les cas d'empreinte mémoire disponible trop faible ou de conformité à des standards comme ceux de l'aéronautique (DO-178).

3

Développer pour Linux embarqué

Après ces brefs rappels sur Linux, nous allons voir quels sont les principaux outils et méthodes à utiliser afin de développer pour une cible « Linux embarqué ». De nombreux spécialistes s'entendent pour affirmer que Linux embarqué n'existe pas et qu'il s'agit purement et simplement de développement Linux. C'est en grande partie vrai, et nous verrons qu'il est de l'intérêt des développeurs de rester proche des outils et composants standards (on dit aussi *mainline*) utilisés pour Linux *desktop*. Même si cela paraît incongru dans ce chapitre, nous dirons tout d'abord quelques mots sur les critères de choix d'une cible matérielle. Nous verrons ensuite comment choisir le compilateur, puis nous aborderons Autotools et CMake sur deux exemples simples. Après une très brève introduction au développement noyau, nous terminerons par les outils de mise au point comme GDB ou de *profiling* comme Ftrace. Nous finirons le chapitre par quelques mots sur l'émulateur QEMU.

Plate-forme cible

Le choix d'une plate-forme cible n'est pas toujours possible, car le matériel est souvent imposé par le contexte du projet à réaliser. Comme dans la précédente édition, nous avons pris le parti d'utiliser l'architecture ARM puisque, malgré les efforts d'Intel, elle est de loin la plus utilisée dans les systèmes embarqués.

> **REMARQUE**
>
> Dans ce livre, nous traiterons uniquement de l'architecture Cortex-A (avec MMU, 32 bits ou plus), car les microcontrôleurs (Cortex-M) sortent du cadre de notre propos. Cependant, certaines versions adaptées du noyau Linux (uCLinux) peuvent fonctionner sur des STM32, comme le décrit un article de Denis Bodor dans le numéro 11 d'Open Silicium : https://boutique.ed-diamond.com/anciens-numeros/585-open-silicium-11.html.

Dans le cas d'une expérimentation personnelle ou industrielle, un grand nombre de possibilités (parfois trop) s'offrent à l'utilisateur. Nous pouvons séparer l'offre en deux catégories :

- les modules (SODIMM *computer-on-module*), plutôt destinés à un usage industriel et nécessitant une carte d'accueil ;
- les cartes complètes (SBC, *Single-Board Computer*), plutôt destinées à la réalisation de maquettes. Dans cette catégorie, on peut placer la série des Raspberry Pi ou des Beagleboard, dont la plus célèbre est la BeagleBone Black (BBB). Certaines cartes peuvent également être déclinées en modules (cas du module CM3 similaire à la Raspberry Pi 3).

Les modules sont basés sur des SoC *(Systems on Chip)*, qui intègrent non seulement le processeur – un ou plusieurs cœur(s) –, mais également de nombreux périphériques (UART, CAN, Ethernet). Le support logiciel est donc souvent lié au type de SoC (par exemple un i.MX6). Cependant, quelques ajustements sont nécessaires au fonctionnement d'une carte ou d'un module basé sur un SoC donné et le fabricant se doit de fournir le BSP associé (Board Support Package). Dans le cas de Linux, il s'agit du *bootloader* (souvent U-Boot) et du noyau. De plus en plus fréquemment, les cartes complètes peuvent fonctionner avec des distributions standards (Debian adaptée, la plus célèbre étant la Raspbian pour la Raspberry Pi). C'est une solution abordable pour débuter, mais à terme ce n'est – presque – jamais un bon choix pour un projet industriel. De nos jours, le BSP est intégré à un outil comme Yocto ou, plus rarement, Buildroot, ces deux outils étant détaillés dans les chapitres correspondants.

Comme avec une carte réelle, de nombreux tests peuvent être réalisés avec l'émulateur QEMU que nous avions largement évoqué dans les éditions précédentes. À l'époque, les cartes réelles étaient très onéreuses, ce qui n'est plus le cas de nos jours. QEMU est cependant un outil encore largement utilisé et constitue une cible de référence pour Yocto (nommée *qemux86* ou *quemuarm*), ainsi que pour Buildroot. QEMU est également un excellent choix pour la réalisation de tests automatiques dans le cadre d'une démarche d'intégration continue (voir le chapitre sur Yocto).

Lors de la préparation de l'ouvrage, nous avons longuement hésité sur le choix de la plate-forme. Le SoC le plus utilisé dans l'industrie de nos jours est clairement l'i.MX6 (et ses successeurs), et il existe quelques cartes assez bon marché qui l'intègrent. Nous pouvons citer la Wandboard, la RIOTboard, ou les modules Solid-Run installables dans la carte d'accueil HummingBoard-Base qui ressemble à s'y méprendre à une Raspberry Pi B. Cependant, la popularité de ces cartes est largement moindre que celle de la Raspberry Pi qui, selon un article de mars 2017, s'est vendue à près de treize millions d'exemplaires. Le support logiciel pour ces produits à diffusion plus confidentielle est donc souvent obsolète.

Paradoxalement, le support de la gamme Raspberry Pi est donc largement supérieur à celui de certains produits professionnels, simplement du fait des nombreux contributeurs et donc du dynamisme de la communauté. Autre exemple, la BeagleBone Black – concurrente de la Raspberry Pi – est une plate-forme de référence du projet Yocto et fonctionne également avec le noyau Linux standard (tout comme les cartes à base du SoC i.MX6).

> **REMARQUE**
>
> On peut disposer de plusieurs versions du noyau Linux pour une cible donnée. Ainsi, les cartes i.MX6 peuvent fonctionner avec un noyau Linux standard et la configuration imx_v6_v7_defconfig, et la BBB avec la configuration omap2plus_defconfig. Il existe deux autres versions de noyau pour la BBB, celle de la communauté BeagleBoard (voir https://github.com/beagleboard/linux), ainsi qu'une version fournie par TI. En revanche, certaines fonctionnalités et correctifs avancés sont souvent disponibles uniquement sur le noyau fourni par le constructeur.

Si l'on veut acquérir une carte d'excellente qualité avec un support logiciel sans faille, on devra se tourner vers des produits comme la SABRE Lite (i.MX6, quatre cœurs), mais au prix de presque 200 $. De nos jours, même les plus grands industriels réalisent des maquettes avancées – voire plus – avec des Raspberry Pi ou des BBB. Le talon d'Achille d'une telle solution est l'utilisation très fréquente de micro-SD, dont la stabilité n'est pas forcément à toute épreuve, surtout si elles subissent des cycles d'écriture fréquents. Alors que la BBB dispose d'une mémoire flash interne de 4 Go, la Raspberry Pi n'en a pas, ce qui limite quelque peu les applications professionnelles. Notons que la fondation BeagleBoard propose dans son catalogue une BBB *industrial* (qui est rouge et non plus noire), légèrement plus onéreuse, mais utilisant des composants de meilleure qualité.

Pour clore le sujet, nous pouvons dire qu'en plus des qualités matérielles, le support logiciel est de nos jours fondamental. Il devra influer sur le choix du module ou SBC, mais également sur le choix des composants externes (à ajouter au module), car un pilote de périphérique de mauvaise qualité peut rapidement devenir un véritable cauchemar très coûteux.

Pour revenir à l'ouvrage, nous avons finalement choisi d'opter pour la Raspberry Pi 3, tout d'abord parce qu'elle est facilement disponible (les lecteurs en ont probablement déjà une), mais également parce que le support logiciel pour des projets comme Buildroot ou Yocto est d'excellente qualité. La Raspberry Pi 3 est de plus basée sur un SoC BCM2837 contenant un cœur Cortex-A53 ARMv8 (64 bits), mais également compatible ARMv7 (32 bits) ; nous l'utiliserons dans les deux configurations.

Nous évoquerons également la carte BBB (basée sur un SoC AM335x Cortex-A8) pour certains sujets comme la mémoire flash ou bien le *bootloader* U-Boot, vu que la Raspberry Pi 3 n'utilise ni l'un ni l'autre.

Machine hôte

Le choix du poste de développement est relativement simple et, bien entendu, nous conseillons l'utilisation d'une machine fonctionnant sous Linux. Pour les exemples de l'ouvrage, nous utilisons la distribution Ubuntu 16.04 LTS, mais toute autre distribution stable peut convenir. L'avantage du choix LTS *(Long Term Support)* est la disponibilité de correctifs pendant trois ans dans le cas d'Ubuntu *desktop* et cinq ans pour les serveurs.

L'évolution de la technologie a permis l'apparition des machines virtuelles (VirtualBox, VMWARE), qui simplifient largement notre métier d'industriel et de formateur/enseignant. En effet, même si en tant que militant du libre nous nous efforçons de préférer l'utilisation de Linux à tout autre système d'exploitation propriétaire, certaines entreprises favorisent l'utilisation de Windows pour leurs équipes (il faut bien préserver les virus informatiques !). La mise en place d'un environnement de développement dans une machine virtuelle est très simple, avec des performances certes moindres mais tout à fait acceptables vu la puissance des machines actuelles. Certains fournisseurs de matériels utilisent d'ailleurs cette solution pour distribuer les outils de développement associés à la cible matérielle.

Développer pour Linux (embarqué)

À quelques exceptions près, le développement pour Linux embarqué est équivalent au développement Linux natif, mis à part l'utilisation d'une cible distante, et donc d'un environnement *croisé* (x86/ARM). Comme l'indique la figure suivante, on exploite la cible (Raspberry Pi 3 à gauche) depuis le PC de développement (à droite), en utilisant un lien Ethernet et la traditionnelle console sur un lien série (souvent émulé par USB). Dans le cas de la Raspberry Pi 3, un UART (PL011) est disponible sur les broches 8 (TX) et 10 (RX) du connecteur d'extension P1. Un faux UART simulé par des GPIO est également disponible sur les broches 14 et 15.

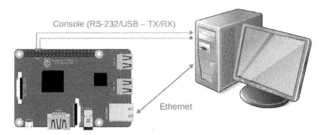

Configuration de développement embarqué

Les projets industriels privilégient le plus souvent les langages C/C++, en suivant la norme POSIX qui garantit depuis plus de vingt ans la compatibilité du code source. On parle désormais de *Single UNIX Specification* et l'on peut consulter l'historique sur http://www.unix.org/what_is_unix/history_timeline.html. Le guide concernant la dernière version (SUSv4 datant de 2016) est disponible à l'adresse http://www.unix.org/version4.

La situation évolue cependant, car l'utilisation d'un système Linux pour une cible embarquée autorise le choix d'autres langages comme Python ou Java (qui est à la base d'Android, autre système basé sur un noyau Linux et parfois utilisé pour des systèmes embarqués).

POSIX forever !

Malgré les évolutions techniques et en dépit de son âge, le standard POSIX reste une garantie de portabilité du logiciel lorsque la durée de maintenance est longue, ce qui est très fréquemment le cas dans l'aéronautique ou les applications militaires. POSIX est également disponible sur de nombreux systèmes d'exploitation non UNIX, ce qui le rend encore plus intéressant.

Pour la plupart, les lecteurs de cet ouvrage ont probablement déjà développé sous Linux, soit en utilisant les outils classiques – en mode texte – comme GCC, GDB, vi, Emacs, GNU Make, Git, Autoconf, CMake (liste non exhaustive), soit en utilisant un environnement intégré (EDI/IDE) de type Eclipse. Mis à part le choix d'utiliser ou non une interface graphique, les deux approches sont très peu différentes car, outre quelques facilités intéressantes, Eclipse manipule des projets au format strictement compatible avec les outils en mode texte (et réciproquement). On pourra donc toujours « importer » un projet existant dans Eclipse (cas le plus fréquent), mais également manipuler un projet Eclipse dans un environnement en mode texte.

L'existence de sites d'hébergement comme GitHub ou Bitbucket est également une avancée notoire, car ils fournissent un grand nombre d'outils (en premier lieu la gestion de versions), qu'il n'est plus nécessaire de gérer localement. Les deux proposent une offre entreprise (voir https://enterprise.github.com/home et https://confluence.atlassian.com/bitbucketserver/using-bitbucket-server-in-the-enterprise-776640933.html).

L'instant de l'Eclipse

Même si Brian Aldiss n'y est pour rien, nous allons tester Eclipse (version enrichie de l'extension CDT pour le développement C/C++) afin de créer un projet très simple en utilisant le menu *File>New>C Project*.

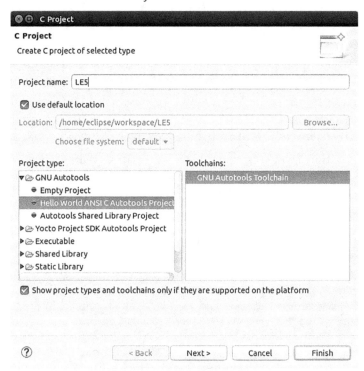

Création d'un projet Autotools sous Eclipse

Nous pouvons produire l'exécutable et tester le programme en utilisant *Project>Build Project*, puis *Run*. Si nous passons en mode texte, nous constatons que le répertoire du projet a l'allure classique d'un projet utilisant Autotools.

```
$ cd workspace/LE5
$ ls
aclocal.m4       compile       config.sub    depcomp      Makefile.am  README
AUTHORS          config.guess  configure     INSTALL      Makefile.in   src
autom4te.cache  config.log    configure.ac  install-sh  missing
ChangeLog        config.status COPYING       Makefile     NEWS

$ ./src/a.out
Hello World
```

On peut également effacer les fichiers binaires et construire de nouveau le programme en utilisant make.

```
$ make clean
Making clean in src
make[1]: entrant dans le répertoire
« /home/eclipse/workspace/LE5/src »
test -z "a.out" || rm -f a.out
rm -f *.o
make[1]: quittant le répertoire
« /home/eclipse/workspace/LE5/src »
make[1]: entrant dans le répertoire
« /home/eclipse/workspace/LE5 »
make[1]: Rien à faire pour « clean-am ».
make[1]: quittant le répertoire
« /home/eclipse/workspace/LE5 »

$ make
Making all in src
make[1]: entrant dans le répertoire « /home/eclipse/workspace/LE5/src »
gcc -DPACKAGE_NAME=\"LE5\" -DPACKAGE_TARNAME=\"le5\"
-DPACKAGE_VERSION=\"1.0\" -DPACKAGE_STRING=\"LE5\ 1.0\"
-DPACKAGE_BUGREPORT=\"\" -DPACKAGE_URL=\"\" -DPACKAGE=\"le5\"
-DVERSION=\"1.0\" -I.      -g -O2 -MT LE5.o -MD -MP -MF
.deps/LE5.Tpo -c -o LE5.o LE5.c
mv -f .deps/LE5.Tpo .deps/LE5.Po
gcc   -g -O2    -o a.out LE5.o
make[1]: quittant le répertoire
« /home/eclipse/workspace/LE5/src »
make[1]: entrant dans le répertoire
« /home/eclipse/workspace/LE5 »
make[1]: Rien à faire pour « all-am ».
make[1]: quittant le répertoire « /home/eclipse/workspace/LE5 »

$ ./src/a.out
Hello World
```

Ce petit exemple, même s'il est trivial, montre que le choix de l'IDE est un faux problème et avant tout un choix personnel. Dans la suite du chapitre, nous serons donc totalement *agnostique* par rapport à ce sujet et traiterons uniquement le cas du mode texte, qui pourra très facilement être adapté pour Eclipse.

Choix d'une chaîne croisée

L'exemple précédent utilise le compilateur natif de notre PC de développement (x86_64), ce qui n'est pas le cas le plus fréquent pour les systèmes embarqués. Cet ouvrage traitant en grande majorité le cas des plates-formes ARM, l'utilisation d'une chaîne de compilation croisée est indispensable. Nous rappelons qu'une chaîne de compilation GNU – croisée ou non – est constituée des éléments suivants :

- le compilateur lui-même (GCC) ;
- les outils annexes (dont l'assembleur et l'éditeur de liens), soit GNU Binutils ;
- une bibliothèque libC. Nous utiliserons souvent la GNU libC, mais d'autres versions plus légères comme uClibc (Micro-C-libC) ou musl peuvent être envisagées.

Bien entendu, l'ajout d'autres fonctionnalités comme le débogueur GDB ou le compilateur C++ nécessitent de prendre en compte d'autres éléments. Il existe diverses manières d'obtenir le compilateur croisé :

- utiliser un paquet fourni avec la distribution du poste de développement (Ubuntu ou autre) ;
- utiliser une chaîne croisée binaire ;
- utiliser un outil afin de produire une chaîne croisée à partir des sources.

Chaîne fournie avec la distribution

Ce choix n'est pas recommandé même s'il semble être le plus simple ; en effet, les outils fournis dans certaines distributions ne sont pas forcément à jour, sachant qu'ils ne sont probablement pas les plus utilisés. Sur Ubuntu, nous pouvons cependant installer la chaîne par la simple commande qui suit :

```
$ sudo apt-get install gcc-arm-linux-gnueabi
```

Le nouveau compilateur est alors disponible dans le chemin d'accès aux commandes (variable PATH) :

```
$ arm-linux-gnueabi-gcc -v
Utilisation des specs internes.
COLLECT_GCC=arm-linux-gnueabi-gcc
COLLECT_LTO_WRAPPER=/usr/lib/gcc/arm-linux-gnueabi/4.6/lto-wrapper
Target: arm-linux-gnueabi
...
Modèle de thread: posix
gcc version 4.6.3 (Ubuntu/Linaro 4.6.3-1ubuntu5)
```

Chaîne binaire

La deuxième solution est plus envisageable, car plusieurs éditeurs (commerciaux ou non) proposent des chaînes de compilation récentes et prêtes à l'emploi. De nos jours, le plus célèbre est certainement Linaro, association internationale à but non lucratif créée par l'écosystème ARM (dont la société ARM Ltd., mais également IBM, ST, Samsung et d'autres promoteurs de l'architecture ARM). La société Mentor Graphics propose également Sourcery CodeBench sur https://www.mentor.com/embedded-software/sourcery-tools/sourcery-codebench/overview.

> **REMARQUE**
>
> Nous utiliserons une chaîne Linaro dans le chapitre consacré à la construction d'une distribution de test ultra-minimaliste.

On peut télécharger diverses chaînes de compilation à l'adresse https://releases.linaro.org/components/toolchain/binaries/latest. Il y a de nombreuses possibilités. La liste ci-après est visible sur la page de téléchargement :

- `aarch64-elf`
- `aarch64-linux-gnu`
- `aarch64_be-elf`
- `aarch64_be-linux-gnu`
- `arm-eabi`
- `arm-linux-gnueabi`
- `arm-linux-gnueabihf`
- `armeb-eabi`
- `armeb-linux-gnueabi`
- `armeb-linux-gnueabihf`
- `armv8l-linux-gnueabihf`

Cette liste correspond simplement au préfixe des commandes fournies avec le compilateur croisé. Pour compiler un programme en environnement croisé, on utilisera par exemple la commande `arm-linux-gnueabihf-gcc` au lieu de `gcc`. Dans le cas d'un préfixe ne mentionnant pas *linux*, il s'agit d'un compilateur croisé dédié à du développement non Linux, voire *bare metal*.

> **REMARQUE**
>
> On note plusieurs fois dans les listes les termes EABI et EABIHF. Une ABI *(Application Binary Interface)* garantit le fonctionnement d'éléments binaires dans un environnement cible donné (processeur, système), contrairement à une API *(Application Programming Interface)* qui se situe au niveau du code source. EABI signifie *Embedded ABI* et l'ajout du suffixe HF correspond au *hard floating point* disponible sur les architectures récentes. La compatibilité intervient donc au niveau du binaire produit par le compilateur. Le noyau Linux utilisé doit bien entendu être compatible avec le même standard et l'on peut utiliser du code EABI sur une cible EABIHF.
>
> Concernant les API, nous avons brièvement présenté l'API POSIX – largement utilisée dans l'industrie – dans ce même chapitre.

Une telle chaîne croisée correspond en général à une archive au format TAR qu'il suffit d'extraire. On doit ensuite modifier la variable PATH afin d'avoir accès au compilateur. On peut alors compiler un programme comme on le ferait avec le compilateur natif.

```
$ export PATH=$PATH:$HOME/gcc-linaro-6.3.1-2017.02-x86_64_arm-linux-gnueabihf/
bin

$ arm-linux-gnueabihf-gcc -o helloworld helloworld.c

$ file helloworld
helloworld: ELF 32-bit LSB executable, ARM, EABI5 version 1 (SYSV),
dynamically linked, interpreter /lib/ld-linux-armhf.so.3, for GNU/Linux
2.6.32, BuildID[sha1]=fa4f9b36a78c41d6e8dcfeb1a68632e537623ea5, not stripped
```

Nous verrons plus loin dans l'ouvrage que d'autres variables d'environnement sont nécessaires pour compiler le noyau Linux (soit ARCH et CROSS_COMPILE).

```
$ ARCH=arm
$ CROSS_COMPILE=arm-linux-gnueabihf-
$ export ARCH CROSS_COMPILE
```

Dans le cas d'un environnement comme Eclipse, la configuration du compilateur croisé s'effectue dans une interface graphique comme l'indique la figure ci-après. La construction d'un exécutable utilise le même principe que dans le cas de notre premier test sur x86_64, mis à part que nous spécifions une chaîne croisée (menu *File>New>C Project*, puis sélection de *Cross GCC* dans le cadre *Toolchain*).

Exemple de projet Eclipse avec chaîne croisée

Nous devons ensuite spécifier le préfixe et le chemin d'accès au compilateur, puis construire l'exécutable par l'option *Project>Build Project*. Nous constatons que l'exécutable produit est bien de type ARM.

Configuration du compilateur croisé

Chaîne produite à partir des sources

La production d'un compilateur croisé à partir des sources n'est jamais une tâche simple en raison des problèmes de compatibilité entre les différents composants de la chaîne. Il est souvent nécessaire de préférer une version à une autre ou bien d'appliquer des correctifs pour une architecture donnée. Historiquement, il existait des outils dédiés à cette tâche, comme le précurseur *crosstool* (http://kegel.com/crosstool) de Dan Kegel ou son successeur *crosstool-NG* (http://crosstool-ng.github.io), développé par le Français Yann Morin. Ce dernier outil a longtemps été utilisé dans Buildroot avant que le projet ne propose une solution interne.

La tendance actuelle est donc à l'utilisation d'outils comme Buildroot et Yocto, tous deux capables de produire une chaîne de compilation croisée à partir des sources. Même si elle est plus longue à mettre en place, cette solution est la meilleure, car le compilateur produit a un excellent niveau de compatibilité avec le système installé sur la cible, en particulier au niveau de la version du noyau Linux dont dépend la chaîne de compilation. Le choix d'une version de noyau trop différente de celle utilisée sur la cible peut conduire au message fort désagréable *kernel panic: attempted to kill init* lors du démarrage du système. De même, la Glibc peut produire un message *kernel too old* en cas d'incompatibilité des versions au démarrage du processus *init*.

Comme nous le verrons dans les chapitres dédiés, l'outil Buildroot permet de construire une chaîne croisée basée sur uClibc, Glibc ou musl ou bien d'utiliser une chaîne de compilation binaire. Yocto, quant à lui, construit systématiquement sa propre chaîne croisée basée sur Glibc.

Outils de construction de projet

Historiquement, un projet sous UNIX (donc Linux) utilise un fichier `Makefile` et la commande `make` pour compiler les différents composants du projet. Cette méthode a le gros défaut de ne pas prendre en compte les particularités du système sur lequel on compile le projet, ce qui nécessite de modifier le fichier `Makefile`, voire les sources.

Le projet X Window System (X.org) utilisait initialement un système permettant de produire le fichier `Makefile` à partir d'un fichier `Imakefile` et de la définition de la plate-forme grâce à l'utilitaire `imake`, et ce afin d'améliorer la portabilité des sources. Ce système fut utilisé de 1987 à 2005, puis remplacé par Autotools. Dans les deux sections suivantes, nous allons présenter les deux outils les plus utilisés, soit Autotools et CMake.

REMARQUE

L'outil Autotools est également nommé *GNU Build System,* et nous évoquerons plus tard Buildroot ou Yocto sous la même appellation de *build system.* Une partie de la procédure de compilation croisée d'un projet est en effet prise en charge par Autotools (ou CMake). La principale différence réside dans la possibilité de créer une image de système complète avec Buildroot ou Yocto, alors qu'Autotools et CMake se situent au niveau du simple composant (exécutable ou bibliothèque).

GNU Autotools

Le projet GNU de la FSF *(Free Software Foundation)* a proposé l'outil Autotools – the GNU Build System – en 1991, le but étant d'assurer la portabilité des sources d'un projet entre plusieurs systèmes, sachant qu'à l'époque les versions d'UNIX étaient toutes propriétaires (ou presque) : citons Solaris, HP/UX, AIX, Irix, etc. L'outil – assez ancien – a une réputation de complexité, car il est constitué de plusieurs commandes (aclocal, autoheader, autoconf, automake, libtool, autoreconf) réparties sur plusieurs paquets, *autoconf, automake* et *libtool* dans le cas d'Ubuntu. Le fichier Makefile du projet est produit par un script configure généré à partir des fichiers Makefile.am et configure.ac.

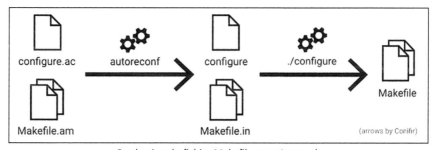

Production du fichier Makefile avec Autotools

Dans le cas de notre exemple de type « Hello World », le fichier Makefile.am décrit les sources à utiliser et l'exécutable à créer :

```
bin_PROGRAMS=hello_autotools
hello_autotools_SOURCES=hello_autotools.c
```

Le fichier configure.ac est constitué d'une liste d'appel à des macros définies par Autotools. Sans trop entrer dans les détails, les macros suivantes produisent un Makefile et un fichier config.h pour un projet écrit en langage C :

```
AC_INIT(hello_autotools, 1.0, bug-report@hello.example.com)
AC_PREREQ([2.59])
AM_INIT_AUTOMAKE([no-define foreign])
```

```
AC_CONFIG_HEADERS([config.h])
AC_PROG_CC
AC_CONFIG_FILES([Makefile])
AC_OUTPUT
```

L'archive des sources fournit parfois le script configure mais, si ce n'est pas le cas, on peut le produire par la commande autoreconf, qui évite l'appel successif à toutes les commandes évoquées :

```
$ autoreconf -fiv
autoreconf: Entering directory '.'
autoreconf: configure.ac: not using Gettext
autoreconf: running: aclocal --force
autoreconf: configure.ac: tracing
autoreconf: configure.ac: not using Libtool
autoreconf: running: /usr/bin/autoconf --force
autoreconf: running: /usr/bin/autoheader --force
autoreconf: running: automake --add-missing --copy --force-missing
configure.ac:5: installing './compile'
configure.ac:3: installing './install-sh'
configure.ac:3: installing './missing'
Makefile.am: installing './depcomp'
autoreconf: Leaving directory '.'
```

On crée ensuite un répertoire de compilation, puis on utilise configure pour produire le fichier Makefile :

```
$ mkdir build_x86 && cd build_x86
$ ../configure
$ make
$ ./hello_autotools
Hello, world! (Autotools)
```

On peut effectuer la même procédure pour une cible ARM. On utilise l'option --host pour indiquer la cible, et donc le compilateur croisé à utiliser :

```
$ mkdir build_arm && cd build_arm
$ ../configure --host=arm-linux-gnueabihf
$ make
$ file hello_autotools
hello_autotools: ELF 32-bit LSB executable, ARM, EABI5 version 1 (SYSV),
dynamically linked, interpreter /lib/ld-linux-armhf.so.3, for GNU/Linux 2.6.32,
BuildID[sha1]=8d45d9e228ebc4f5c067ae2ccf1bb346d695734e, not stripped
```

Cet exemple présente une infime part des possibilités d'Autotools. Le lecteur intéressé se reportera à la documentation officielle sur https://www.gnu.org/software/autoconf/autoconf.html ou bien au document fourni par nos amis de l'EPITA sur https://www.lrde.epita.fr/~adl/autotools.html. Autotools étant encore le plus utilisé malgré son grand âge, il existe pléthore de documentations et d'exemples sur Internet.

CMake

Apparu en 2000, l'outil CMake est une alternative à Autotools. Il est d'un abord – un peu – plus simple, car uniquement basé sur la commande cmake et un fichier de configuration CMakeLists.txt. Le principe de production du fichier Makefile est similaire. On utilisera si nécessaire un fichier décrivant la chaîne de compilation croisée.

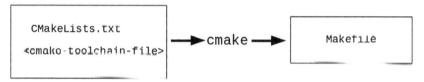

Production du fichier Makefile avec CMake

Dans notre exemple simple, le contenu du fichier CMakeLists.txt est assez parlant :

```
cmake_minimum_required(VERSION 3.5)
ADD_EXECUTABLE(hello_cmake hello_cmake.c)
INSTALL(TARGETS hello_cmake DESTINATION "bin")
```

On utilise systématiquement un répertoire de construction que l'on peut détruire ensuite. Dans le cas de la cible x86_64, on construit le fichier Makefile et l'on peut ensuite utiliser make puis finalement tester l'exécutable :

```
$ mkdir build_x86 && cd build_x86

$ cmake ..
-- The C compiler identification is GNU 5.4.0
-- The CXX compiler identification is GNU 5.4.0
-- Check for working C compiler: /usr/bin/cc
-- Check for working C compiler: /usr/bin/cc -- works
-- Detecting C compiler ABI info
-- Detecting C compiler ABI info - done
-- Detecting C compile features
-- Detecting C compile features - done
-- Check for working CXX compiler: /usr/bin/c++
-- Check for working CXX compiler: /usr/bin/c++ -- works
-- Detecting CXX compiler ABI info
-- Detecting CXX compiler ABI info - done
```

```
-- Detecting CXX compile features
-- Detecting CXX compile features - done
-- Configuring done
-- Generating done
-- Build files have been written to: /home/pierre/LE5/exemples/CMake/
hello_cmake/build_x86

$ make
Scanning dependencies of target hello_cmake
[ 50%] Building C object CMakeFiles/hello_cmake.dir/hello_cmake.c.o
[100%] Linking C executable hello_cmake
[100%] Built target hello_cmake

$ ./hello_cmake
Hello, world! (CMake)
```

La compilation croisée nécessite souvent un fichier définissant les variables nécessaires, soit :

```
$ cat <path>/toolchain.cmake
# this one is important
SET(CMAKE_SYSTEM_NAME Linux)

# specify the cross compiler
# Yocto cross-compiler
#SET(CMAKE_C_COMPILER arm-poky-linux-gnueabi-gcc)
# Sourcery CodeBench
#SET(CMAKE_C_COMPILER arm-none-linux-gnueabi-gcc)
# Linaro CodeBench
SET(CMAKE_C_COMPILER arm-linux-gnueabihf-gcc)
```

On crée un nouveau répertoire de construction pour construire un exécutable ARM :

```
$ mkdir build_arm && cd build_arm
$ cmake .. -DCMAKE_TOOLCHAIN_FILE=<path>/toolchain.cmake
-- The C compiler identification is GNU 6.3.1
-- The CXX compiler identification is GNU 6.3.1
-- Check for working C compiler: /home/pierre/
gcc-linaro-6.3.1-2017.02-x86_64_arm-linux-gnueabihf/bin/arm-linux-gnueabihf-gcc
-- Check for working C compiler: /home/pierre/gcc-linaro-6.3.1-
2017.02-x86_64_arm-linux-gnueabihf/bin/arm-linux-gnueabihf-gcc -- works
-- Detecting C compiler ABI info
-- Detecting C compiler ABI info - done
-- Detecting C compile features
-- Detecting C compile features - done
-- Check for working CXX compiler: /home/pierre/
gcc-linaro-6.3.1-2017.02-x86_64_arm-linux-gnueabihf/bin/arm-linux-gnueabihf-c++
-- Check for working CXX compiler: /home/pierre/gcc-linaro-6.3.1-
2017.02-x86_64_arm-linux-gnueabihf/bin/arm-linux-gnueabihf-c++ -- works
```

```
-- Detecting CXX compiler ABI info
-- Detecting CXX compiler ABI info - done
-- Detecting CXX compile features
-- Detecting CXX compile features - done
-- Configuring done
-- Generating done
-- Build files have been written to: /home/pierre/LE5/exemples/CMake/
hello_cmake/build_arm

$ make
Scanning dependencies of target hello_cmake
[ 50%] Building C object CMakeFiles/hello_cmake.dir/hello_cmake.c.o
[100%] Linking C executable hello_cmake
[100%] Built target hello_cmake

$ file hello_cmake
hello_cmake: ELF 32-bit LSB executable, ARM, EABI5 version 1 (SYSV),
dynamically linked, interpreter /lib/ld-linux-armhf.so.3, for GNU/Linux
2.6.32, BuildID[sha1]=58fd2bcbcc07e4dfd70d6b9e08cdb685ebfe83dc, not stripped
```

Après cette brève introduction, le lecteur curieux pourra consulter la documentation de CMake sur https://cmake.org/cmake-tutorial.

Introduction au développement noyau

Les nouvelles architectures de type SoC comme l'i.MX6 intègrent de nombreux contrôleurs (CAN, I²C, SPI, PCI, UART, GPIO). Malgré son coût modique et hormis le bus CAN, la Raspberry Pi 3 propose les mêmes interfaces. Malgré cela, le développement de systèmes embarqués passe parfois par l'ajout de périphériques particuliers dont le pilote n'existe pas dans le noyau. Dans ce cas, le pilote sera fourni *en dehors* des sources du noyau et compilé séparément.

Notre but ici n'est bien évidemment pas de décrire comment développer un pilote (il existe de nombreuses documentations et quelques volumineux ouvrages pour cela), mais plutôt de mettre en évidence les particularités du développement noyau dans le cas d'une cible utilisant Linux embarqué.

Un module « Hello World »

Un pilote Linux est avant tout un module, que l'on peut considérer comme un programme chargé dynamiquement – et donc exécuté – dans l'espace du noyau. Le code source helloworld.c qui suit correspond au module le plus simple que l'on puisse imaginer, puisqu'il se résume à afficher une chaîne de caractères à l'insertion et au retrait du module.

```
#include <linux/module.h>

MODULE_LICENSE("GPL");

static int __init hello_init (void)
{
  pr_info ("Hello World !\n");
  return 0;
}

static void __exit hello_exit (void)
{
  pr_info ("Goodbye Cruel World !\n");
}

module_init (hello_init);
module_exit (hello_exit);
```

Un module a la particularité d'être compilé pour une version donnée du noyau et ne peut fonctionner pour une autre. Le fichier Makefile associé fait donc référence aux sources du noyau ou au paquet de développement noyau que l'on doit installer pour une distribution classique (soit *linux-headers* pour Ubuntu). L'installation du paquet ajoute un lien /lib/modules/<version-noyau>/build que l'on peut utiliser dans le fichier Makefile.

```
$ ls -l /lib/modules/4.4.0-83-generic
total 4552
lrwxrwxrwx  1 root root       39 juin  26 21:52 build ->
/usr/src/linux-headers-4.4.0-83-generic
drwxr-xr-x  2 root root     4096 juin  26 21:46 initrd
...
```

Le fichier Makefile est décrit ci-après. On note la variable KDIR qui pointe vers le répertoire build. Le nom de la variable est bien entendu choisi par le développeur :

```
KDIR= /lib/modules/$(shell uname -r)/build

PWD= $(shell pwd)

obj-m := helloworld.o

all:
  $(MAKE) -C $(KDIR) SUBDIRS=$(PWD) modules

install:
  $(MAKE) -C $(KDIR) SUBDIRS=$(PWD) modules_install

clean:
  rm -f *~ Module.markers Modules.symvers
  $(MAKE) -C $(KDIR) SUBDIRS=$(PWD) clean
```

Si l'on compile ce module sur x86_64, on obtient :

```
$ make
make -C /lib/modules/4.4.0-83-generic/build SUBDIRS=<path>/helloworld modules
make[1] : on entre dans le répertoire « /usr/src/
linux-headers-4.4.0-83-generic »
  CC [M] <path>/helloworld/helloworld.o
  Building modules, stage 2.
  MODPOST 1 modules
  CC      <path>/helloworld/helloworld.mod.o
  LD [M] <path>/kernel/helloworld/helloworld.ko
make[1] : on quitte le répertoire « /usr/src/linux-headers-4.4.0-83-generic »
```

On peut alors insérer avec insmod le module helloworld.ko produit. Ce dernier peut ensuite être retiré avec rmmod.

```
$ sudo insmod helloworld.ko
$ lsmod | grep helloworld
helloworld              16384   0

$ dmesg -T
...
[ven. juil. 14 23:17:34 2017] Hello World !

$ sudo rmmod helloworld
$ dmesg -T
...
[ven. juil. 14 23:20:10 2017] Goodbye Cruel World !
```

> **REMARQUE**
>
> Dans un cas réel, le module sera installé par sudo make install et l'on utilisera sudo modprobe helloworld pour l'insérer. Il sera parfois inséré automatiquement au démarrage du système, après ajout à un fichier spécial de la distribution (soit /etc/modules pour Ubuntu).

Cas de la compilation croisée

Dans le cas de la compilation croisée, il suffit d'affecter les variables ARCH et CROSS_COMPILE dans l'environnement comme nous le ferions pour compiler le noyau pour la même cible :

```
$ ARCH=arm
$ CROSS_COMPILE=arm-linux-gnueabihf-
$ export ARCH CROSS_COMPILE
```

On peut alors compiler le module en faisant référence au noyau de la cible :

```
$ make KDIR=<kernel-path>/linux-5e4ee836560d4c0371e109bf469e1ad808ae7a44
make -C <kernel-path>/linux-5e4ee836560d4c0371e109bf469e1ad808ae7a44/
SUBDIRS=<path>/helloworld modules
make[1] : on entre dans le répertoire « <kernel-path>/linux-5e4ee836560d4c037
1e109bf469e1ad808ae7a44 »

   CC [M]   <path> /helloworld/helloworld.o
   Building modules, stage 2.
   MODPOST 1 modules
   CC        <path>/helloworld/helloworld.mod.o
   LD [M]    <path>/helloworld/helloworld.ko
make[1] : on quitte le répertoire « <kernel-path>/linux-5e4ee836560d4c0371e10
9bf469e1ad808ae7a44 »

$ file helloworld.ko
helloworld.ko: ELF 32-bit LSB relocatable, ARM, EABI5 version 1 (SYSV),
BuildID[sha1]=bdbe32524e17da285a9b3ee6d589aa399f110bf9, not stripped
```

Mise au point avec GDB

Dans cette section, nous allons voir comment utiliser GDB *(The GNU Project Debugger)* pour la mise au point d'un programme en espace utilisateur (avec gdbserver), puis d'un module en espace noyau.

Utilisation de GDB

Le débogueur GDB est la référence dans le domaine. Dans le cas du développement embarqué, il est le plus souvent utilisé en mode croisé – en utilisant l'agent gdbserver –, même si l'on peut envisager d'intégrer la commande gdb sur la cible. Dans le cas de la mise au point à distance, nous utiliserons une version croisée du débogueur, soit arm-linux-gnueabihf-gdb, fournie avec la chaîne Linaro. La communication entre arm-linux-gnueabihf-gdb et gdbserver utilise le *remote protocol* défini par le projet GDB (voir https://sourceware.org/gdb/onlinedocs/gdb/Remote-Protocol.html).

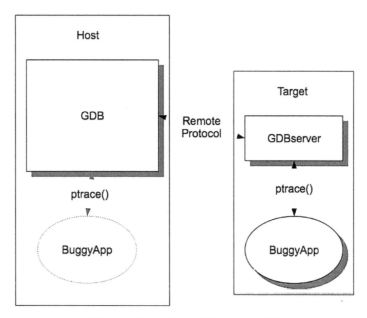

Mise au point locale ou distante avec GDB

L'utilisation de gdbserver est possible uniquement pour mettre au point une application fonctionnant en espace utilisateur. La mise au point du noyau ou d'un module dynamique s'effectuera grâce à un autre type d'agent – par exemple, une sonde JTAG – et obligatoirement en mode distant. Des outils propriétaires comme les sondes Lauterbach TRACE32 ou Abatron BDI3000 utilisent ce protocole ouvert et permettent donc l'utilisation de GDB. L'émulateur QEMU déjà évoqué permet également la mise au point dans l'espace noyau (voir fin du chapitre).

Dans les deux cas (espace utilisateur ou noyau), nous verrons que l'on utilise la commande target remote en spécifiant le type de connexion distante (lien série – UART, adresse IP + port TCP).

Mise au point d'un exécutable (espace utilisateur)

Nous partons d'un exemple en C nommé buggy_app.c, et nous allons réaliser un premier test de mise au point en mode natif (sur x86_64). En premier lieu, nous compilons le programme avec l'option -g qui ajoute les informations de mise au point pour GDB :

```
$ make
gcc -g    ll_equal.c    -o ll_equal
```

L'exécution provoque un signal SIGSEGV (violation de segmentation), ce qui est en général dû à un problème de mémoire (accès à une adresse interdite) :

```
$ ./ll_equal
equal test 1 result = 1
Erreur de segmentation (core dumped)
```

Nous exécutons donc le même programme sous GDB. La session indique que nous utilisons un pointeur nul dans la fonction ll_equal(), ce qui explique le signal reçu :

```
$ gdb ll_equal
GNU gdb (Ubuntu 7.11.1-0ubuntu1~16.04) 7.11.1
Copyright (C) 2016 Free Software Foundation, Inc.
License GPLv3+: GNU GPL version 3 or later <http://gnu.org/licenses/gpl.html>
...
The program is not being run.
(gdb) run
Starting program: /home/pierre/docs/le5/exemples/dev_le/buggy_app/ll_equal
warning: the debug information found in "/lib64/ld-2.23.so" does not match "/
lib64/ld-linux-x86-64.so.2" (CRC mismatch).

equal test 1 result = 1

Program received signal SIGSEGV, Segmentation fault.
0x00000000004005ae in ll_equal (a=0x7fffffffe1e0, b=0x0) at ll_equal.c:11
11          if (a->val != b->val)

(gdb) l
6    } node;
7
8    /* FIXME: this function is buggy. */
9    int ll_equal(const node* a, const node* b) {
10      while (a != NULL) {
11          if (a->val != b->val)
12            return 0;
13          a = a->next;
14          b = b->next;
15      }
(gdb)
```

Nous allons maintenant réaliser la même session en utilisant la mise au point à distance sur une Raspberry Pi 3. Nous pouvons compiler le programme de test avec le compilateur croisé Linaro, puis le copier sur la cible en utilisant SSH (commande scp) :

```
$ make clean
rm -f *~ *.o ll_equal

$ make CC=arm-linux-gnueabihf-gcc
```

```
arm-linux-gnueabihf-gcc -g  -Wl,-O1 -Wl,--hash-style=gnu -Wl,--as-needed  ll_
equal.c    -o ll_equal

$ scp ll_equal root@<adresse-IP-cible>:~
...
```

Si l'on teste le programme sur la cible, on obtient bien entendu la même erreur que sur x86_64 :

```
# ./ll_equal
equal test 1 result = 1
Segmentation fault
```

On démarre alors le programme avec gdbserver en choisissant un port TCP libre – soit 9999 – qui servira pour la communication avec le débogueur croisé :

```
# gdbserver :9999 ./ll_equal
Process ./ll_equal created; pid = 200
Listening on port 9999
```

Coté PC de développement, on charge l'exécutable avec arm-linux-gnueabihf-gdb. On définit la cible en utilisant la commande target remote. Côté cible, on obtient le message *Remote debugging from host <adresse-IP-PC>* :

```
$ arm-linux-gnueabihf-gdb ll_equal
GNU gdb (Linaro_GDB-2017.02) 7.12.1.20170215-git
Copyright (C) 2017 Free Software Foundation, Inc.
...
This GDB was configured as "--host=x86_64-unknown-linux-gnu
--target=arm-linux-gnueabihf".
...
(gdb) target remote <adresse-IP-cible>:9999
Remote debugging using <adresse-IP-cible>:9999
Reading /lib/ld-linux-armhf.so.3 from remote target...
Reading /lib/ld-linux-armhf.so.3 from remote target...
Reading symbols from target:/lib/ld-linux-armhf.so.3...(no debugging symbols
found)...done.
0x76fd7a00 in _start () from target:/lib/ld-linux-armhf.so.3
(gdb)
```

On peut alors poursuivre l'exécution – le programme étant déjà démarré par gdbser-ver – en utilisant la commande continue, et on obtient là aussi le même résultat que sur x86_64 :

```
(gdb) continue
Continuing.
Reading /lib/libc.so.6 from remote target...

Program received signal SIGSEGV, Segmentation fault.
0x000103ee in ll_equal (a=0x7efffc24, b=0x0) at ll_equal.c:11
11          if (a->val != b->val)
```

> **REMARQUE**
>
> Nous n'avons pas pu utiliser le programme gdbserver fourni par la chaîne Linaro, car nous obtenions systématiquement le message *-sh: gdbserver: not found* lors de l'exécution. Nous avons dû le compiler à partir des sources de GDB, puis le copier sur la cible.
> ```
> $ cd <path>/gdb-7.11.1/gdb/gdbserver
> $ ./configure --host=arm-linux-gnueabihf
> $ make
> ```

Mise au point en espace noyau

La mise au point en espace noyau (du noyau Linux statique ou d'un module dyna-mique) est beaucoup plus ardue. Dans la plupart des cas et souvent par peur de l'in-connu, on se limite à placer quelques appels printk() – ou désormais pr_info() – de-ci, de-là. L'utilisation d'un émulateur comme QEMU peut s'avérer utile si l'ému-lation se rapproche suffisamment du cas réel, car QEMU intègre le protocole de communication de GDB. Le noyau Linux propose également une option nommée *KGDB* permettant de réaliser la mise au point avec un lien série. L'option accessible par *Kernel hacking>KGDB: kernel debugger* est en général activée par défaut. L'utilisa-tion nécessite le passage de l'option kgdboc=ttyS0,115200 lors du démarrage du noyau (décrit sur https://www.kernel.org/doc/htmldocs/kgdb/EnableKGDB.html). Nous n'en dirons pas plus, car KGDB est avant tout prévu pour l'architecture x86, dont les moyens de mise au point à distance étaient au départ limités. Cette option n'a pas d'intérêt pour une cible ARM et l'utilisation d'une sonde matérielle (le plus souvent à la norme *JTAG* ou son homologue *SWD*) est de loin la solution la plus efficace ; nous allons le démontrer sur un exemple simple. La mise au point par JTAG est désormais utilisable pour des cibles x86 embarquées.

Introduction au JTAG

Le standard JTAG est initialement lié à la normalisation des tests des composants électroniques. Pour ce faire, un groupe d'industriels s'est formé en 1985 et a conduit à la publication de la norme IEEE 1149.1-1990 intitulée *Standard Test Access Port and Boundary-Scan Architecture*. Le standard est basé sur un bus synchrone utilisant les signaux suivants :

- TMS *(Test Mode Select)*, signal d'activation de la communication JTAG utilisé pour le TAP *(Test Access Port*, fonction initiale du JTAG) ;
- TCK *(Test ClocK)*, horloge ;
- TDI *(Test Data Input)*, entrée des données ;
- TDO *(Test Data Output)*, sortie des données ;
- TRST *(Test ReSeT)*, ré-initialisation.

La sonde JTAG permet l'accès à différents types de composants comme la mémoire flash ou RAM, mais également le processeur. Le JTAG est fréquemment utilisé pour programmer une mémoire flash ou un FPGA, mais il peut également servir pour la mise au point, car la norme permet de contrôler le processeur (arrêt, démarrage) depuis un débogueur comme GDB. En général, la sonde est accessible par réseau avec une adresse IP et un port TCP (comme l'est gdbserver). Certaines sondes fonctionnement également avec un câble USB. Ces sondes matérielles sont diffusées pour la plupart par des grands fabricants de matériel ou éditeurs de logiciels spécialisés dans l'embarqué (comme ST, Wind River ou bien Abatron) et leur coût est relativement élevé. Pour être utilisable, la carte doit bien entendu disposer d'un connecteur JTAG accessible. La connectique utilisée est assez variable, même si la plus fréquente est le connecteur ARM 20 points.

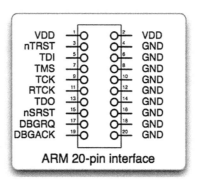

Connecteur JTAG ARM 20 points

Il existe cependant d'autres variantes utilisables à partir du moment où les signaux standards sont présents. Le connecteur est parfois « caché » (connecteur non soudé) ou bien carrément absent, mais les signaux sont accessibles sous réserve de manœuvres douteuses (comme disait le grand Georges Brassens), soit en modifiant la valeur de certaines registres du SoC. De même, nous allons voir qu'il est possible d'utiliser le JTAG à un coût modique, en se basant sur le projet *OpenOCD (On Chip Debugger)* et une sonde matérielle simple et bon marché comme celles conçues par OLIMEX. Nous n'atteindrons pas la qualité d'une sonde matérielle de grand prix, mais cette solution permet de décrire les concepts et elle est suffisante pour une configuration simple.

Sonde JTAG OLIMEX

Présentation et mise en place d'OpenOCD

Le projet OpenOCD (http://www.openocd.net) a pour origine une thèse soutenue par Dominic Rath en 2005. Le but était de mettre en place un traitement de la norme JTAG au niveau *logiciel* par un processus fonctionnant sous Linux (ou Windows). Cette option – certes moins performante qu'une sonde intelligente – permet d'utiliser une sonde JTAG basique connectée à la cible. L'accès s'effectue sur un port TCP 4444 en protocole Telnet et, bien entendu, en utilisant le protocole de communication GDB sur le port 3333.

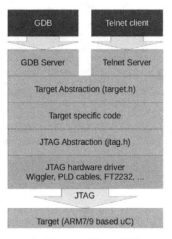

Architecture d'OpenOCD

OpenOCD est un édifice assez complexe, car il doit désormais gérer de multiples processeurs, ainsi que des connectivités très différentes du simple port parallèle initial (entre le poste de développement et la sonde JTAG), la grande majorité des sondes fonctionnant désormais en USB. Ce projet étant diffusé sous GPL, il est bien évidemment possible d'ajouter de nouvelles cibles matérielles et/ou interfaces.

OpenOCD est fourni sous forme de paquet binaire pour la plupart des distributions, mais nous allons utiliser la dernière version compilée à partir des sources.

```
$ git clone git://repo.or.cz/openocd.git
$ cd openocd
$ ./bootstrap
$ ./configure --enable-ftdi
$ make -j 4
...
$ ./src/openocd --version
Open On-Chip Debugger 0.10.0+dev-00167-g29cfe9c (2017-07-18-08:34)
Licensed under GNU GPL v2
For bug reports, read
   http://openocd.org/doc/doxygen/bugs.html
```

> **REMARQUE**
>
> Pour compiler correctement OpenOCD avec l'option FTDI, il est nécessaire d'installer les paquets *libftdi1* et *libftdi-dev*.

Configuration de la cible

Exceptionnellement, nous utiliserons une carte Raspberry Pi B+, car la configuration (64 bits) fournie pour la Raspberry Pi 3 à l'adresse https://github.com/OP-TEE/build/blob/master/docs/rpi3.md#6-openocd-and-jtag n'a hélas pas fonctionné pour nous. Bien entendu, cela ne change rien à la démonstration.

> **REMARQUE**
>
> Nous insistons une fois de plus sur le fait que la Raspberry Pi – et ce, quel que soit le modèle utilisé – n'est pas forcément le meilleur choix pour ce type de manipulation si l'on envisage un cas réel.

La cas de la Raspberry Pi (ou Pi 3) est particulier, car le connecteur JTAG n'est pas disponible et l'on doit obtenir les signaux sur le connecteur P1 en programmant les registres associés. Les signaux JTAG correspondent à des GPIO sur P1 comme le décrit le tableau suivant.

Tableau 3-1. Correspondance signaux RPi/JTAG

Registre	Signal RPi	Configuration	Signal JTAG
GPFSEL0	GPIO4	ALT5	TDI
GPFSEL2	GPIO22	ALT4	TRST
GPFSEL2	GPIO24	ALT4	TDO
GPFSEL2	GPIO25	ALT4	TCK
GPFSEL2	GPIO27	ALT4	TMS

La documentation du composant BCM2835 (SoC utilisé sur la Raspberry Pi B+) disponible sur https://www.raspberrypi.org/app/uploads/2012/02/BCM2835-ARM-Peripherals.pdf contient toutes les informations pour interpréter cette liste. Le tableau du paragraphe 6.2 (page 102) de la documentation décrit l'utilisation des GPIO et la possibilité d'y accéder pour des fonctions alternatives (ALT0 à ALT5). Les signaux JTAG sont donc disponibles sur le connecteur P1 avec les configurations ALT4 et ALT5. Les registres GPFSEL0 et GPFSEL2 correspondent simplement aux registres de contrôle des GPIO concernés. Dans le cas de la RPi B+, GPFSEL0 est situé à l'adresse physique 0x20200000 et GPFSEL2 est 8 octets plus loin, soit 0x20200008. Pour la configuration, nous avons utilisé un excellent document disponible à l'adresse http://sysprogs.com/VisualKernel/tutorials/raspberry/jtagsetup. Nous en avons déduit un programme – en C – nommé jtag_enabler et permettant de configurer les registres comme décrit dans le tableau précédent. Pour valider l'accès au JTAG, il suffit d'exécuter ce programme sur la cible.

```
# jtag_enabler
Enabling JTAG...
done. (0x20200008 |= 0x61b6c0,   0x20200000 |= 0x2000)
```

Ce document fournit également le fichier de configuration OpenOCD pour la Raspberry Pi (soit raspberrypi.cfg), que nous utiliserons plus tard. Il est donc nécessaire de relier des broches du connecteur P1 de la carte au connecteur JTAG 20 points utilisé sur la sonde OLIMEX. Les broches à relier sont décrites dans le tableau ci-après.

Tableau 3-2. Liaisons connecteur JTAG/connecteur P1

Broche sur JTAG	Signal JTAG	Broche sur P1
1	DC Power	1
3	TRST	15
4	GND	9
5	TDI	7
7	TMS	13
9	TCK	22
11	RTCK	16
13	TDO	18

Dans un premier temps, on peut envisager une liaison temporaire par des câbles de prototypage comme décrit ci-après.

Liaisons entre nappe JTAG et P1

Configuration de la sonde et test de l'accès JTAG

Il y a très peu de configurations nécessaires au fonctionnement de la sonde JTAG. Nous avons choisi le modèle disponible sur https://www.olimex.com/Products/ARM/JTAG/ARM-USB-TINY-H, qui dispose d'un connecteur USB2 à relier au poste de développement et un connecteur JTAG 20 points (ainsi que la nappe correspondante). Nous avons simplement ajouté une règle *udev* garantissant l'accès à la sonde en mode utilisateur :

```
$ cat /etc/udev/rules.d/95-olimex.rules
SUBSYSTEMS=="usb", ATTRS{idVendor}=="15ba", ATTRS{idProduct}=="002a",
MODE="0666"
```

À partir du répertoire de compilation d'OpenOCD, on peut utiliser la commande suivante :

```
$ ./src/openocd -f tcl/interface/ftdi/olimex-arm-usb-tiny-h.cfg -f <path>/
raspberry.cfg

Open On-Chip Debugger 0.10.0+dev-00167-g29cfe9c (2017-07-18-08:34)
Licensed under GNU GPL v2
For bug reports, read
    http://openocd.org/doc/doxygen/bugs.html
adapter speed: 1000 kHz
adapter_nsrst_delay: 400
none separate
Info : auto-selecting first available session transport "jtag". To override
use 'transport select <transport>'.
```

```
Info : clock speed 1000 kHz
Info : JTAG tap: rspi.arm tap/device found: 0x07b7617f (mfg: 0x0bf
(Broadcom), part: 0x7b76, ver: 0x0)
Info : found ARM1176
Info : rspi.arm: hardware has 6 breakpoints, 2 watchpoints
...
```

On peut alors ouvrir une session Telnet vers OpenOCD, le but final étant cependant d'utiliser GDB sur le port 3333.

```
$ telnet localhost 4444
Trying 127.0.0.1...
Connected to localhost.
Escape character is '^]'.
Open On-Chip Debugger
> version
Open On-Chip Debugger 0.10.0+dev-00167-g29cfe9c (2017-07-18-08:34)
> exit
Connection closed by foreign host.
```

Mise au point d'un pilote de périphérique

Pour cet exemple, nous allons mettre en place un module un peu plus complexe que le précédent, puisqu'il s'agit d'un pilote capable de stocker dans un tampon interne une chaîne de caractères écrite depuis l'espace utilisateur (en utilisant un fonction write()), puis de la restituer en utilisant une fonction read(). On peut tout d'abord tester le module sur x86_64 :

```
$ make
...
$ sudo su
# insmod mydriver3.ko
# echo toto > /dev/mydriver3
# cat /dev/mydriver3
toto
```

La mise au point du noyau et du module sur la cible nécessite de compiler ce noyau avec les options de mise au point (-g), en activant l'option *Kernel hacking>Compile-time checks and compiler options>Compile the kernel with debug info*. On compile alors le module pour la cible en faisant référence au noyau de la cible sur le répertoire <repertoire-noyau-cible>. Nous utilisons un compilateur différent pour la Raspberry Pi B+ (Sourcery CodeBench) :

```
$ export ARCH=arm
$ export CROSS_COMPILE=arm-none-linux-gnueabi-
PATH=$PATH:$HOME/arm-2014.05/bin
```

```
$ make KDIR=<repertoire-noyau-cible>
$ scp mydriver3.ko root@<adresse-IP-cible>:/root
```

La cible et OpenOCD étant actifs, on utilise le débogueur croisé sur le noyau Linux
non compressé, soit vmlinux. Après s'être connecté à la sonde, on pose un point d'arrêt
sur la fonction sys_sync() – correspondant à la commande Linux sync – et l'on continue l'exécution.

```
$ arm-none-linux-gnueabi-gdb vmlinux
GNU gdb (Sourcery CodeBench Lite 2014.05-29) 7.7.50.20140217-cvs
...
(gdb) target remote :3333
Remote debugging using :3333
cpu_v6_do_idle () at arch/arm/mm/proc-v6.S:85
85          nop

(gdb) b sys_sync
Breakpoint 1 at 0xc014ec20: file fs/sync.c, line 103.
(gdb) c
Continuing.
```

Sur la cible, on charge alors le module et on obtient les adresses dynamiques des sections text (le code exécutable) et bss (les variables globales) :

```
# insmod mydriver3.ko
# cat /sys/module/mydriver3/sections/.text
0xbf06e000
# cat /sys/module/mydriver3/sections/.bss
0xbf06e658
```

En utilisant la commande sync sur la cible, on interagit de nouveau avec le débogueur
croisé et on lui passe les informations sur le module avec add-symbol-file :

```
Breakpoint 1, sys_sync () at fs/sync.c:103
103  {

(gdb) add-symbol-file <path>/mydriver3/mydriver3.ko 0xbf06e000 -s .bss
0xbf06e658
add symbol table from file "<path>/mydriver3.mydriver3.ko" at
   .text_addr = 0xbf06e000
   .bss_addr = 0xbf06e658
(y or n) y
Reading symbols from <path>/mydriver3/mydriver3.ko...done.
```

À partir de là, on peut poser un point d'arrêt sur les fonctions mydriver3_read() et mydriver3_write() du pilote, puis continuer l'exécution :

```
(gdb) b mydriver3_read
Breakpoint 2 at 0xbf06e028: file <path>/mydriver3/mydriver3.c, line 32.
(gdb) b mydriver3_write
Breakpoint 3 at 0xbf06e138: file <path>/mydriver3/mydriver3.c, line 49.
(gdb) c
Continuing.
```

Lorsque l'on écrit une chaîne de caractères sur /dev/mydriver3, on exécute le point d'arrêt correspondant et on peut exécuter en pas à pas :

```
# echo toto > /dev/mydriver3
```

Cela donne sur la session GDB :

```
Breakpoint 3, mydriver3_write (file=0xd8b0e0a0,
    buf=0x3c2008 "toto\n\345\365\266\020", count=5, ppos=0xd8bb3f78)
    at <path>/mydriver3/mydriver3.c:49
49    real = min((size_t)BUF_SIZE, count);
(gdb) p num
$1 = 0
(gdb) n
51      if (real)
(gdb)
52        if (copy_from_user(buffer, buf, real))
(gdb) c
Continuing.
```

On peut alors lire la chaîne écrite en utilisant la commande suivante sur la cible. La commande cat obtient 5 caractères (soit la taille de la chaîne disponible dans la variable num) :

```
# cat /dev/mydriver3
```

Cela donne sur la session GDB :

```
Breakpoint 2, mydriver3_read (file=0xd8b0e3c0, buf=0xbede8c98 "", count=4096,
    ppos=0xd8b57f78)
    at <path>/mydriver3/mydriver3.c:32
32    real = min(num, count);
(gdb) p num
$2 = 5
(gdb) c
Continuing.
```

On exécute de nouveau le point d'arrêt, car la commande cat tente de lire jusqu'à la fin du fichier. Cependant, il n'y a plus rien à lire, car num vaut 0 :

```
Breakpoint 2, mydriver3_read (file=0xd8b0e3c0, buf=0xbede8c98 "toto\n",
    count=4096, ppos=0xd8b57f78)
    at <path>/mydriver3/mydriver3.c:32
32        real = min(num, count);
(gdb) p num
$3 = 0
(gdb) c
Continuing.
```

Autres outils de mise au point

La mise au point avec GDB n'est pas la seule tâche à réaliser pour mettre au point un système, et la notion de *profiling* est souvent importante ; elle consiste à effectuer une analyse en temps réel du système afin de noter d'éventuels problèmes de performance (temps de réponse, synchronisation des tâches). S'agissant d'un système embarqué, ce genre d'analyse sera très utile dans le cas où le logiciel doit satisfaire à des contraintes temps réel. L'utilisation d'un outil de profiling passe par deux étapes.

1. Enregistrement des événements sur la cible
2. Analyse hors ligne des résultats (souvent sur le poste de développement)

Dans cette section, nous allons voir comme utiliser Ftrace pour tracer les appels d'un pilote de périphériques et, surtout, pour mesurer les capacités temps réel d'un système embarqué exécutant une tâche périodique. Nous évoquerons préalablement la commande strace qui, même si elle n'est pas réellement un outil de profiling, peut être très utile.

La commande strace

La commande strace est très simple à utiliser et présente l'avantage d'être portable sur n'importe quelle cible. Son but est d'afficher uniquement les *appels système*, soit les fonctions exécutées par le noyau : open(), read(), write(), etc. À titre d'exemple, on peut l'utiliser sur la commande lsmod et constater qu'elle correspond à un simple affichage – après mise en forme – du contenu du fichier /proc/modules :

```
# strace lsmod
...
openat(AT_FDCWD, "/proc/modules", O_RDONLY) = 3
fstat(1,{st_mode=S_IFCHR|0620, st_rdev=makedev(136,0),...}) = 0
openat(AT_FDCWD, "/proc/sys/kernel/tainted", O_RDONLY) = 4
fstat(4, {st_mode=S_IFREG|0644, st_size=0, ...}) = 0
```

```
read(4, "0\n", 1024) = 2
read(4, "", 1022) = 0
close(4) = 0
write(1, "Module                        Size  Us"..., 53Module
Size  Used by     Not tainted
) = 53
fstat(3, {st_mode=S_IFREG|0444, st_size=0, ...}) = 0
read(3, "ipv6 458752 18 [permanent], Live"..., 1024) = 52
write(1, "ipv6              458752 18 "..., 44ipv6              458752 18 [permanent]
) = 44
read(3, "", 1024) = 0
close(3) = 0
```

Pour plus de clarté, on peut tracer uniquement certains appels système grâce à l'option -e :

```
# strace -e trace=open,read,write lsmod
read(3, "\177ELF\2\1\1\0\0\0\0\0\0\0\0\0\3\0\267\0\1\0\0\0\370\371\1\0\0\0\0\0
"..., 832) = 832
read(4, "0\n", 1024) = 2
read(4, "", 1022) = 0
write(1, "Module                        Size  Us"..., 53Module
Size  Used by     Not tainted
) = 53
read(3, "ipv6 458752 18 [permanent], Live"..., 1024) = 52
write(1, "ipv6              458752 18 "..., 44ipv6              458752 18 [permanent]
) = 44
read(3, "", 1024) = 0
+++ exited with 0 +++
```

strace est également utile pour la résolution de problèmes obscurs, par exemple une erreur lors du chargement dynamique d'une bibliothèque partagée. Si nous utilisons la commande ping, celle-ci utilise la bibliothèque libresolv.so.2 afin de résoudre l'adresse distante. Si nous retirons la bibliothèque du répertoire /lib, nous obtenons une erreur assez peu claire :

```
# mv /lib/libresolv* .

# ping www.free.fr
ping: bad address 'www.free.fr'
```

L'utilisation de strace permet d'identifier le problème, soit l'absence de la bibliothèque :

```
# strace ping www.free.fr
...
openat(AT_FDCWD, "/lib/libresolv.so.2", O_RDONLY|O_CLOEXEC) = -1 ENOENT (No
such file or directory)
...
```

Utilisation de Ftrace

L'outil Ftrace est une fonctionnalité disponible en standard dans le noyau Linux depuis la version 2.6.27. Ftrace est plus ou moins l'alternative *officielle* à LTTng – développé par Mathieu Desnoyers et dérivé du projet LTT *(Linux Trace Toolkit)*, initialement développé par Karim Yaghmour pour le noyau 2.4. Le principal avantage de Ftrace est sa complète intégration au noyau Linux, alors que l'installation de LTTng nécessite d'ajouter des pilotes et composants externes (voir http://lttng.org/docs/ v2.9/#doc-installing-lttng).

Ftrace est activé par défaut dans le noyau Linux pour de nombreuses distributions, ainsi que pour le noyau de la Raspberry Pi 3. Sa configuration est accessible dans le menu *Kernel hacking>Tracers* du noyau Linux.

> **REMARQUE**
>
> Il faut noter qu'un excellent article de Christophe Blaess concernant Ftrace fut publié dans *Open Silicium*, numéro 18. L'article est disponible sur http://connect.ed-diamond.com/Open-Silicium/OS-018/Debogage kernel-et-applicatif-avec-Ftrace-pour-systeme-generaliste-ou-embarque.

Comme de nombreux outils de mise au point liés au noyau Linux, Ftrace utilise les fichiers virtuels du répertoire /sys/kernel/debug. Si ce dernier n'est pas monté, on peut y remédier simplement avec la commande mount et les fichiers liés à Ftrace sont alors accessibles. Nous verrons plus tard l'utilisation de la commande trace-cmd, qui simplifie l'accès aux fonctionnalités de Ftrace.

```
# mount -t debugfs debugfs /sys/kernel/debug

# cd /sys/kernel/debug/tracing
# ls
README                      set_event_pid
available_events            set_ftrace_filter
available_filter_functions  set_ftrace_notrace
available_tracers           set_ftrace_pid
buffer_size_kb              set_graph_function
buffer_total_size_kb        set_graph_notrace
current_tracer              snapshot
dyn_ftrace_total_info       stack_max_size
enabled_functions           stack_trace
events                      stack_trace_filter
free_buffer                 trace
function_profile_enabled    trace_clock
instances                   trace_marker
max_graph_depth             trace_options
options                     trace_pipe
```

```
per_cpu                              trace_stat
printk_formats                       tracing_cpumask
saved_cmdlines                       tracing_max_latency
saved_cmdlines_size                  tracing_on
set_event                            tracing_thresh
```

Actuellement, aucune fonction de trace n'est activée, comme indiqué dans les fichiers de configuration, même si tracing_on vaut 1. De même, le fichier trace contenant les résultats de mesure est actuellement vide.

```
# cat tracing_on
1
# cat current_tracer
nop
# cat set_event

# cat trace
# tracer: nop
#
# entries-in-buffer/entries-written: 0/0     #P:4
#
#                                      _-----=> irqs-off
#                                     / _----=> need-resched
#                                    | / _---=> hardirq/softirq
#                                    || / _--=> preempt-depth
#                                    ||| /     delay
#           TASK-PID     CPU#        ||||     TIMESTAMP  FUNCTION
#              | |        |          ||||         |          |
```

Test du traceur de fonction

Avant d'activer une option, il est recommandé de désactiver la trace. On valide ensuite le traceur de fonction.

```
# echo 0 > tracing_on
# echo function > current_tracer
```

On insère ensuite le pilote, puis on indique de tracer uniquement les fonctions de lecture et d'écriture de ce pilote.

```
# insmod mydriver3.ko
# echo 'mydriver3_*' > set_ftrace_filter
```

On active alors la trace et on réalise une écriture, puis une lecture ; le résultat (processus appelant, date d'appel, etc.) est alors disponible dans le fichier trace.

```
# echo 1 > tracing_on
# echo toto > /dev/mydriver3
# cat /dev/mydriver3
toto

# cat trace
# tracer: function
#
# entries-in-buffer/entries-written: 7/7     #P:4
#
#                                  _-----=> irqs-off
#                                 / _----=> need-resched
#                                | / _---=> hardirq/softirq
#                                || / _--=> preempt-depth
#                                ||| /     delay
#           TASK PID    CPU#     ||||      TIMESTAMP   FUNCTION
#             | |         |      ||||         |           |
            sh-170    [003]      ...1   100.819803: mydriver3_open
<-misc_open
            sh-170    [003]      ...1   100.828665: mydriver3_write
<-__vfs_write
            sh-170    [003]      ...1   100.845319: mydriver3_release
<-__fput
            cat-180   [003]      ...1   102.965304: mydriver3_open
<-misc_open
            cat-180   [003]      ...1   102.974060: mydriver3_read
<-__vfs_read
            cat-180   [003]      ...1   102.990869: mydriver3_read
<-__vfs_read
            cat-180   [003]      ...1   103.007616: mydriver3_release
<-__fput
```

Test du traceur d'événements

Ftrace permet également de tracer des événements dont la liste est disponible dans le fichier virtuel available_events. On peut par exemple utiliser sched_wakeup (réveil) ou sched_switch (changement de thread) :

```
# echo nop > current_tracer
# echo sched_wakeup > set_event
# echo 1 > tracing_on

<exécution du programme>

# echo 0 > tracing_on
# cat trace
...
```

Ce type de mesure est très utile quand on met au point une application temps réel. Nous allons proposer un exemple maison de tâche périodique, nommé `rpi_gpio`, dont nous allons tracer l'exécution avec Ftrace. Plutôt que d'utiliser directement les fichiers virtuels, nous pouvons tester la commande `trace-cmd`, qui est fournie par exemple dans Buildroot.

L'option `-p` de `rpi_gpio` sert à spécifier la demi-période de la tâche, soit 100 microsecondes pour notre test :

```
# rpi_gpio -p 100000
```

Si nous utilisons la commande `chrt`, nous pouvons préciser une politique d'ordonnancement temps réel (`SCHED_FIFO`) avec un niveau de priorité de 1 à 99. Dans ce cas – et même si le noyau Linux est loin d'être temps réel –, on doit constater un meilleur comportement de la tâche périodique.

```
# chrt -f 99 rpi_gpio -p 100000
```

Nous enregistrons trois secondes de fonctionnement, car le fichier `trace.dat` produit par `trace-cmd` est assez volumineux :

```
# trace-cmd record -e sched_wakeup rpi_gpio -p 100000 -n 3
```

Afin de charger le système, nous utilisons la commande `hackbench` sur un autre terminal. Cette commande est une contribution au projet PREEMPT_RT, qui améliore les capacités temps réel du noyau Linux :

```
# hackbench -g 20 -l 1000
```

Nous pouvons ensuite – par exemple sur le poste de développement – visualiser le résultat et extraire la partie correspondant à la commande testée :

```
$ trace-cmd report -i trace_fifo.dat | grep comm=rpi_gpio | head
         <idle>-0      [000]  3390.481621: sched_wakeup:
comm=rpi_gpio pid=6080 prio=0 target_cpu=000
         <idle>-0      [000]  3390.481714: sched_wakeup:
comm=rpi_gpio pid=6080 prio=0 target_cpu=000
         <idle>-0      [000]  3390.481814: sched_wakeup:
comm=rpi_gpio pid=6080 prio=0 target_cpu=000
         <idle>-0      [000]  3390.481913: sched_wakeup:
comm=rpi_gpio pid=6080 prio=0 target_cpu=000
         <idle>-0      [000]  3390.482013: sched_wakeup:
comm=rpi_gpio pid=6080 prio=0 target_cpu=000
```

Si l'on fait la différence entre deux dates, on obtient le plus souvent 100 micro-secondes.

```
$ echo "3390.481814-3390.481714" | bc -l
.000100
```

On peut automatiser le calcul avec un script qui fournit une liste des valeurs, que l'on peut ensuite visualiser avec Gnuplot :

```
gnuplot> set yrange [0:0.001]
gnuplot> set format x ""
gnuplot> plot "trace_other.dat.txt"
```

Dans le cas d'un fonctionnement non temps réel (SCHED_OTHER), nous constatons une répartition des points très éloignée de la ligne horizontale des 100 micro-secondes.

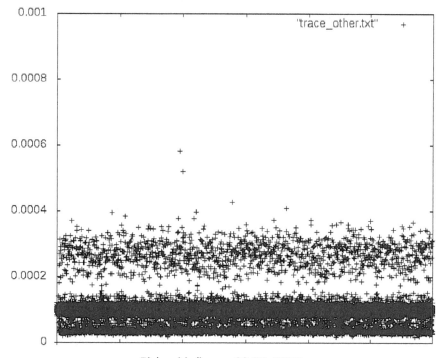

Tâche périodique en SCHED_OTHER

Dans le cas de la politique SCHED_FIFO, les points sont beaucoup mieux rassemblés autour de la ligne des 100 microsecondes.

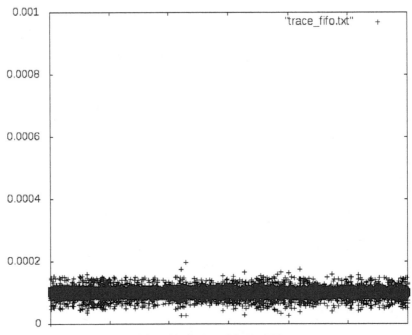

Tâche périodique en SCHED_FIFO

REMARQUE

Il existe également une application graphique de visualisation d'un fichier .dat nommée kernelshark. L'application est disponible sous forme de paquet pour Ubuntu ou bien sur http://rostedt.homelinux.com/ kernelshark. Les amateurs d'IHM apprécieront :-).

Utilisation de QEMU

Nous avions largement utilisé QEMU dans les précédentes éditions de l'ouvrage *Linux embarqué*, car il n'existait pas à l'époque de plate-forme ARM bon marché. La commande qemu-system-arm permet d'émuler – entre autres – une carte Versatile PB basée sur un processeur ARM926EJ-S. Cette cible – même si elle est ancienne pour le cas d'une carte réelle – est toujours d'actualité, puisqu'elle constitue une cible de référence pour le projet Yocto (qemuarm). La cible est également référencée dans Build-root, le fichier de configuration associé étant qemu_arm_versatile_defconfig. Suite à la production des différents éléments de la distribution avec Buildroot (le noyau zImage, le fichier *device tree* versatile-pb.dtb et l'image du root-filesystem rootfs.ext2 au format EXT2), on peut démarrer le système émulé par :

```
$ qemu-system-arm -M versatilepb -kernel zImage -dtb versatile-pb.dtb -drive
file=rootfs.ext2,if=scsi -append "root=/dev/sda console=ttyAMA0,115200"
-nographic
...
Booting Linux on physical CPU 0x0
Linux version 4.9.6 (pierre@pierre-N24-25JU) (gcc version 4.8.3 20140320
(prerelease) (Sourcery CodeBench Lite 2014.05-29) ) #2 Thu Jul 20 16:03:26
CEST 2017
CPU: ARM926EJ-S [41069265] revision 5 (ARMv5TEJ), cr=00093177
Starting logging: OK
Initializing random number generator... done.
...

Welcome to Buildroot
buildroot login: root
# uname -a
Linux buildroot 4.9.6 #2 Thu Jul 20 16:03:26 CEST 2017 armv5tejl GNU/Linux
```

QEMU permet la mise au point en espace noyau comme nous l'avons fait avec la sonde JTAG. Bien entendu, il faut compiler le noyau avec les options de mise au point, soit *Kernel hacking> Kernel debugging* et *Kernel hacking>Compile-time checks and compiler options>Compile-time checks and compiler options*. Pour activer la mise au point, il suffit d'ajouter l'option -s au démarrage de qemu-system-arm. Cette commande est un raccourci pour -gdb tcp::1234. Comme précédemment, on peut poser un point d'arrêt sur la fonction sys_sync().

On peut alors utiliser le débogueur croisé sur le noyau non compressé et indiquer la cible distante, soit le port 1234 sur la machine locale :

```
$ arm-none-linux-gnueabi-gdb vmlinux
GNU gdb (Sourcery CodeBench Lite 2014.05-29) 7.7.50.20140217-cvs
Copyright (C) 2014 Free Software Foundation, Inc.
...

Reading symbols from vmlinux...done.

(gdb) target remote :1234
Remote debugging using :1234
cpu_arm926_do_idle () at arch/arm/mm/proc-arm926.S:112
112             mcr     p15, 0, r1, c1, c0, 0           @ Restore ICache enable
(gdb) b sys_sync
Breakpoint 1 at 0xc00ceeec: file fs/sync.c, line 108.
(gdb) c
Continuing.
```

Si l'on tape la commande sync dans le système émulé, on a de nouveau accès à l'invite de commande de GDB :

```
Breakpoint 1, sys_sync () at fs/sync.c:108
108    {
(gdb)
```

Si l'on introduit volontairement une erreur dans la ligne d'appel à qemu-system-arm, par exemple un nom de root-filesystem égal à /dev/null, on peut obtenir la cause de l'erreur en posant un point d'arrêt sur la célèbre fonction panic(). Dans ce cas, on utilise l'option -S pour *geler* le processeur jusqu'à la connexion du débogueur croisé :

```
$ qemu-system-arm -M versatilepb -kernel zImage -dtb versatile-pb.dtb -drive
file=rootfs.ext2,if=scsi -append "root=/dev/null console=ttyAMA0,115200"
-nographic -s -S
```

Côté poste de développement, on pose le point d'arrêt et on continue l'exécution, ce qui a pour effet d'exécuter panic(), car le noyau ne peut monter le root-filesystem :

```
$ arm-none-linux-gnueabi-gdb vmlinux
GNU gdb (Sourcery CodeBench Lite 2014.05-29) 7.7.50.20140217-cvs
...
Reading symbols from vmlinux...done.
(gdb) target remote :1234
Remote debugging using :1234
0x00000000 in ?? ()

(gdb) b panic
Breakpoint 1 at 0xc0062bd8: file kernel/panic.c, line 131.
(gdb) c
Continuing.

Breakpoint 1, panic (fmt=0xc03bf940 "/dev/root") at kernel/panic.c:131
131    {
```

On obtient la pile d'appel avec la commande info stack ou backtrace :

```
(gdb) i s
#0  panic (fmt=0xc03bf940 "/dev/root") at kernel/panic.c:131
#1  0xc0438110 in mount_block_root (name=0xc03bf940 "/dev/root", flags=32769)
    at init/do_mounts.c:421
#2  0xc043825c in mount_root () at init/do_mounts.c:541
#3  0xc04383a0 in prepare_namespace () at init/do_mounts.c:600
#4  0xc0437db0 in kernel_init_freeable () at init/main.c:1035
#5  0xc03563dc in kernel_init (unused=<optimized out>) at init/main.c:943
```

```
#6  0xc000a470 in ret_from_fork () at arch/arm/kernel/entry-common.S:118
Backtrace stopped: frame did not save the PC
(gdb)
```

Grâce à la commande `frame`, on peut sélectionner un niveau dans la pile et consulter le code source correspondant avec `list`. Bien entendu, toutes ces fonctions sont accessibles sur la cible réelle avec la sonde JTAG :

```
(gdb) frame 2
#2  0xc043825c in mount_root () at init/do_mounts.c:541
541          mount_block_root("/dev/root", root_mountflags);
(gdb) list
536     {
537         int err = create_dev("/dev/root", ROOT_DEV);
538
539         if (err < 0)
540            pr_emerg("Failed to create /dev/root: %d\n", err);
541         mount_block_root("/dev/root", root_mountflags);
542     }
543  #endif
544  }
```

Conclusion

Dans ce chapitre, nous avons réalisé un tour d'horizon des principaux outils utilisés pour le développement et la mise au point d'un système ou d'applications embarqués. Bien entendu, il en existe bien d'autres – comme l'outil Perf décrit sur https://perf.wiki. kernel.org/index.php/Tutorial. Dans les chapitres suivants, nous verrons comment produire, grâce à Buildroot ou Yocto, l'image du système, ainsi que la chaîne de développement croisée et certains outils évoqués dans ce chapitre.

Points clés

- Le système Linux laisse un large choix quant à l'environnement de développement à utiliser (mode texte, graphique avec Eclipse, émulé).
- La tendance est à l'utilisation de chaînes de compilation produites par Buildroot ou Yocto, mais des chaînes croisées binaires (comme Linaro) sont également utilisables.
- Le développement et la mise au point dans l'espace noyau sont largement plus complexes que dans l'espace utilisateur (sans compter les problèmes de licence vus dans le chapitre d'introduction). On privilégiera donc les développements en espace utilisateur.

4

Construire une distribution

La création d'un système Linux minimal aide à mieux comprendre le fonctionnement de ce dernier. De plus, l'approche *minimaliste* est celle utilisée dans le cas d'un système embarqué dont les ressources matérielles sont limitées. Bref, c'est une expérience simple et enrichissante dont il serait dommage de se priver avant d'utiliser de véritables outils.

Distribution standard ou construite ?

Les utilisateurs de Linux sont habitués depuis longtemps à utiliser des distributions (Debian, Ubuntu, Fedora, etc.) sur PC/x86. L'émergence depuis quelques années des cartes de développement bon marché (Raspberry Pi et bien d'autres) a permis d'adapter certaines de ces distributions sur des cibles autres que x86. Un tel environnement est idéal pour se former à l'utilisation de Linux, voire débuter un projet, car l'utilisation est très simple (installation triviale, disponibilité de nombreux paquets binaires avec une source unique). Ce choix n'est cependant jamais définitif et on peut citer ici quelques point néga-tifs concernant l'utilisation d'une distribution standard dans un environnement embarqué.

- L'empreinte mémoire est importante, ainsi que la consommation d'énergie. Notons que la « réduction de distribution » est un concept qui n'a pas de sens !
- Le système est de ce fait long à démarrer.
- La traçabilité est faible, car on utilise le plus souvent des composants binaires.
- Une telle distribution reste avant tout un environnement de *développement* et non un environnement *cible* !

Dans ce chapitre – et dans cet ouvrage en général –, nous allons donc axer notre démonstration sur la construction d'une distribution adaptée (et optimisée) en utilisant des outils libres comme Buildroot et Yocto. Il est important de noter que les outils commerciaux (comme Wind River Linux, voir https://www.windriver.com/products/linux) sont pour la plupart basés avant tout sur les mêmes outils, en l'occurrence Yocto dans le cas de Wind River. Le coût de la licence correspond à la fourniture d'un outil prêt à l'emploi (souvent basé sur Eclipse), avec un support technique.

Dans un premier temps, nous utiliserons une approche expérimentale et pédagogique en créant la distribution la plus légère possible (2 Mo d'empreinte mémoire). En fin de chapitre, nous commenterons cette approche et nous introduirons le concept d'outil de construction de distribution.

> **REMARQUE**
>
> Lors d'une conversation avec Thomas Gleixner (fondateur de Linutronix et mainteneur du projet PREEMPT_RT), ce dernier évoqua les avantages d'une distribution de type Debian qui maintient des patchs de sécurité par rapport à une approche Yocto. Linutronix propose pour cela l'outil ELBE (https://linutronix.de/open-source/ELBE.php), avec un support commercial. Il n'y a donc pas une unique vérité !

Installation de la distribution Raspbian

La distribution Raspbian est une adaptation de la célèbre Debian pour la Rasbperry Pi et satisfait totalement aux critères évoqués en début de chapitre. Même s'il existe d'autres distributions pour ces cartes, la Raspbian est certainement la plus utilisée. De nombreuses applications « industrielles » sur Raspberry Pi fonctionnent sur Raspbian, car elle est très simple à installer, à prendre en main et à maintenir. Elle a de plus le gros avantage de fonctionner sur toutes les versions de Raspberry Pi (A, A+, B, B+, Pi 2, Pi 0, Pi 3). Cependant, nous allons voir qu'on ne peut pas la considérer comme une distribution « embarquée ».

> **REMARQUE**
>
> Comme nous l'avons dit précédemment, la réalisation d'un prototype peut cependant – dans un premier temps – se baser sur Raspbian (ou une autre distribution classique sur une autre carte cible). En effet, il existe un grand nombre de paquets binaires pour Raspbian et les documentations techniques fournies avec des composants matériels (écran, carte fille, etc.) sont toujours prévues pour cette distribution.

La carte Pi 3 ne dispose pas de mémoire *flash* interne et doit donc démarrer sur une carte micro-SD. Elle est divisée en deux partitions. La première – au format VFAT – contient le noyau Linux, le *firmware* de démarrage et des fichiers de configuration.

La deuxième – au format EXT4 – contient le root-filesystem. La structure de la micro-SD est spécifique à la Raspberry Pi et nous ne donnerons pour l'instant pas plus de détails.

> **REMARQUE**
>
> Quelques fichiers de la partition VFAT sont cependant à remarquer : `cmdline.txt` définit les paramètres de démarrage passés au noyau, `config.txt` définit de nombreux paramètres matériels de la carte, `kernel.img` et `kernel7.img` correspondent au noyau statique en fonction du modèle de Pi. Les fichiers `.dtb` correspondent aux définitions matérielles de type device tree.

Dans le cadre de la création d'une distribution minimale, la construction manuelle de la micro-SD est assez complexe et il est plus simple de partir d'une image de distribution Raspbian, puis de modifier la micro-SD (en remplaçant le root-filesystem). Cette approche permettra également de comparer le système complet Raspbian à notre système optimisé, tant au niveau de l'empreinte mémoire que du temps de démarrage. L'image de la Raspbian est disponible en téléchargement depuis le site de la fondation Raspberry, sur https://www.raspberrypi.org/downloads/raspbian.

Nous conseillons l'utilisation de la version *lite*, plus rapide à télécharger et à installer sur la micro-SD (« seulement » 1,3 Go décompressée). Une fois l'image chargée, l'installation est très simple, avec la commande dd qui copie l'image sur la micro-SD. Dans notre cas, le fichier spécial `/dev/mmcblk0` correspond à la micro-SD insérée dans le lecteur SD du poste de développement. Le nom est bien entendu à ajuster en fonction de la configuration et des disques déjà présents (il sera par exemple `/dev/sdb` si l'on utilise un lecteur USB).

> **ATTENTION**
>
> La copie de l'image est une opération destructrice pour le périphérique cible. Une erreur sur le nom de la cible peut entraîner des dommages irréparables sur un disque dur ! De même, il est nécessaire de « démonter » les partitions déjà présentes sur la micro-SD (par la commande umount).

L'installation se résume donc aux commandes suivantes :

```
$ unzip 2016-03-18-raspbian-jessie-lite.zip
$ umount /dev/mmcblk0p*
$ sudo dd if=2016-03-18-raspbian-jessie-lite.img of=/dev/mmcblk0
```

La Pi 3 nécessite d'être connectée à un écran HDMI et équipée d'un clavier USB. Après un délai de démarrage d'environ une minute, on voit apparaître l'invite de connexion de la Raspbian. Le nom d'utilisateur est pi et le mot de passe raspberry.

La commande df indique que le système occupe 848 Mo. Cette empreinte est raisonnable par rapport à un PC x86, mais elle ne rentre pas vraiment dans les critères d'un système embarqué.

```
Raspbian GNU/Linux 8 raspberrypi ttyAMA0

raspberrypi login: pi
Password:<raspberry>

pi@raspberrypi:~$ df -h
Filesystem      Size  Used Avail Use% Mounted on
/dev/root       3.6G  848M  2.6G  25% /
...
```

La commande raspi-config (utilisable en tant qu'administrateur) sert à configurer de nombreux paramètres comme le type de clavier, la configuration de la caméra, l'activation des bus I²C ou SPI et plus encore.

```
$ sudo raspi-config
```

On remarque également la présence du compilateur GCC sur la cible.

```
pi@raspberrypi:~ $ gcc
gcc: fatal error: no input files
compilation terminated.
```

Le but n'est cependant pas de réaliser une étude détaillée de la Raspbian, et nous allons rapidement passer à la mise en place de notre distribution minimale.

Méthode de création

La démonstration est réalisée sur Pi 3 mais pourrait être adaptée à une autre cible comme la BeagleBone Black, ou même une cible x86 si l'on consent à quelques légères modifications (choix du compilateur croisé). Comme nous l'avons dit précédemment, un système UNIX – et donc Linux – est constitué du noyau et du root-filesystem. Le noyau Linux est un programme monolithique complexe – plus de 18 millions de lignes de code à ce jour, voir https://www.linuxcounter.net/statistics/kernel – mais assez simple à compiler. On lui ajoute très souvent des modules dynamiques, en général des pilotes chargés (puis retirés) selon les besoins au cours de l'exécution du système.

Pour limiter le travail à réaliser et nous concentrer sur l'étude des outils de production de distribution, nous allons simplifier cette étape en conservant le noyau Linux de la Raspbian et en modifiant uniquement le root-filesystem présent sur la deuxième partition de la micro-SD, soit /dev/mmcb1k0p2.

La création du root-filesystem peut être complexe, car il est constitué de nombreux éléments disponibles pour la plupart auprès du projet GNU de la Free Software Foundation (FSF) – comme c'est le cas pour la Raspbian. Cette approche n'est cependant pas la meilleure pour un système embarqué, car l'empreinte mémoire utilisée est importante ; en effet, ces outils sont prévus pour constituer un système de développement complet (souvent sur un PC/x86) et non un système embarqué, qui n'a nul besoin de disposer d'un compilateur ni d'un interpréteur de commande évolué comme Bash (le *Bourne-Again SHell* de la FSF).

L'outil BusyBox

La solution adoptée vient de BusyBox, écrit en 1996 par Bruce Perens, membre du projet Debian. Le but était de produire une disquette de réparation pour la distribution Debian ; rappelons que l'espace disponible sur une disquette n'était que de 1,44 mégaoctet. BusyBox rassemble donc les outils courants d'une distribution Linux (shell, éditeurs, commandes de manipulation de fichiers, etc.) dans un exécutable unique nommé busybox. Bien entendu, les fonctionnalités de chaque commande sont largement inférieures à celles des versions GNU originales, mais ce point n'est pas un problème pour un système embarqué. Le principe de BusyBox étant intégrer toutes les commandes dans un seul exécutable, on place un lien symbolique correspondant au nom de la commande (sh, ls, vi, etc.), ce qui permet d'exécuter la bonne portion de code et d'éviter de dupliquer les entêtes ELF des exécutables.

```
lrwxrwxrwx 1 pierre pierre        7 mai    6 16:45 ash -> busybox
lrwxrwxrwx 1 pierre pierre        7 mai    6 16:45 base64 -> busybox
-rwxr-xr-x 1 pierre pierre   666992 mai    6 16:45 busybox
lrwxrwxrwx 1 pierre pierre        7 mai    6 16:45 cat -> busybox
...
```

Dans cet exemple, on note la taille très raisonnable de l'exécutable busybox (environ 650 Ko), largement inférieure à celle de la seule commande bash de la distribution Raspbian (environ 850 Ko). Pour que le système soit utilisable, il faut également ajouter les bibliothèques partagées nécessaires à l'exécution de BusyBox. Notons qu'il est possible de compiler BusyBox de manière statique afin qu'il intègre le code des bibliothèques nécessaires ; cette option est cependant assez éloignée du cas réel, car BusyBox n'est généralement pas la seule application d'un système Linux embarqué. Il est également possible d'ajouter ou retirer des commandes afin d'ajuster la taille de l'exécutable aux besoins du projet, en passant par une phase de configuration via l'utilisation de la commande make menuconfig, dans le répertoire des sources de BusyBox.

Squelette du système

Les composants binaires (comme BusyBox ou les bibliothèques) sont intégrés à un « squelette » de distribution constitué d'une arborescence typique d'un système UNIX/Linux, même si elle est très simplifiée :

```
.
⊢ dev
⊢ etc
│ ⌐inittab
⊢ lib
⊢ proc
⌐sys
```

Le squelette est très réduit puisqu'il contient de nombreux répertoires vides, à l'exception du fichier /etc/inittab décrivant la procédure de démarrage du système. Ce fichier est très connu dans l'environnent UNIX, mais la syntaxe de la version BusyBox est légèrement différente. Il faut noter que, de nos jours, ce fichier n'est plus utilisé sur les distributions Linux classiques, au profit de solutions plus complexes – mais plus puissantes – comme systemd. Ce dernier peut d'ailleurs être utilisé sur une distribution embarquée plus complète construite avec Buildroot ou Yocto. Un extrait du fichier est présenté ci-après :

```
# Startup the system
::sysinit:/bin/mount -t proc proc /proc
::sysinit:/bin/mount -t sysfs sys /sys
::sysinit:/bin/mount -o remount,rw /
::sysinit:/bin/mkdir -p /dev/pts
::sysinit:/bin/mkdir -p /dev/shm

# now run any rc scripts
#::sysinit:/etc/init.d/rcS

# Start an "askfirst" shell on the console (whatever that may be)
#::askfirst:-/bin/sh
tty1::askfirst:-/bin/sh
...
```

Les deux premières lignes indiquent de monter au démarrage les systèmes de fichiers /proc et /sys. Ces répertoires contiennent de nombreux paramètres virtualisés par le noyau sous forme de fichiers, comme la version du noyau, les systèmes de fichiers montés, les interruptions affectées ou des détails sur les bus matériels USB, PCI ou I²C. Les commandes système – comme mount, uname, ps, top, lspci, lsusb, etc. – utilisent pour la plupart /sys et /proc.

La troisième ligne indique de modifier l'attribut du root-filesystem afin qu'il soit en lecture/écriture, et les deux lignes suivantes créent des sous-répertoire dans /dev.

Dans un système plus complet, on utilisera également un script rcS (*rc* pour *run command*), afin de démarrer des services. Cependant, nous avons vu que le fichier inittab de BusyBox permettait de démarrer des commandes ; le script rcS n'est donc pas nécessaire pour ce test.

La dernière ligne indique qu'un shell (/bin/sh) sera exécuté sur la console du système, soit /dev/tty1 dans notre cas.

Notons que, pour l'instant, il n'apparaît aucun répertoire /bin, /sbin ou /usr dans le squelette décrit. Ce point est normal, car ces derniers seront fournis par BusyBox lors de son installation.

Choix d'un compilateur croisé

Après avoir décrit tous les éléments nécessaires, nous allons désormais nous attacher à la réalisation de ce système Linux minimal. Nous avons cependant omis d'évoquer un élément fondamental pour la création du système, en l'occurrence le compilateur. En effet, la cible choisie utilise une architecture ARM, ce qui nécessite l'installation d'un compilateur dit « croisé » (x86 vers ARM) sur le poste de développement. Les différentes possibilités ont été évoquées au chapitre 3 consacré aux outils de développement. Dans le cas présent, nous utilisons une version récente du compilateur croisé Linaro (version 6.3.1 datant de février 2017), disponible sur https://releases.linaro.org/components/toolchain/binaries/6.3-2017.02/arm-linux-gnueabihf/gcc-linaro-6.3.1-2017.02-x86_64_arm-linux-gnueabihf.tar.xz. L'installation est triviale, puisqu'il suffit d'extraire l'archive dans un répertoire du système de développement.

```
$ tar -C ~/  -xf ~/Téléchargements/gcc-linaro-6.3.1-2017.02-x86_64_arm-linux-
gnueabihf.tar.xz
```

On ajoute ensuite le chemin d'accès au nouveau compilateur, ainsi que la variable CROSS_COMPILE qui définit le préfixe correspondant à la cible. On définit cela dans un script que l'on évaluera dans l'environnement courant par la commande source.

```
$ cat ~/bin/set_env_linaro.sh
#!/bin/sh

ARCH=arm
CROSS_COMPILE=arm-linux-gnueabihf-
PATH=$PATH:$HOME/gcc-linaro-6.3.1-2017.02-x86_64_arm-linux-gnueabihf/bin
export ARCH CROSS_COMPILE PATH

$ source ~/bin/set_env_linaro.sh
```

Le compilateur est alors accessible.

```
$ arm-linux-gnueabihf-gcc -v
Using built-in specs.
...
Target: arm-linux-gnueabihf
...
Thread model: posix
gcc version 6.3.1 20170109 (Linaro GCC 6.3-2017.02)
```

Compilation de BusyBox

Nous allons maintenant créer le root-filesystem de la distribution. Pour ce faire, nous mettons en place le squelette décrit précédemment dans un répertoire de travail, soit <path>/rootfs_rpi (<path> correspondant à un répertoire de notre environnement de développement). En premier lieu, nous obtenons les sources de BusyBox, puis nous choisissons la configuration par défaut defconfig et nous démarrons la compilation. Finalement, nous installons les binaires sur le répertoire cible choisi avec install et en renseignant la variable CONFIG_PREFIX.

```
$ git clone git://git.busybox.net/busybox
$ cd busybox
$ git checkout 1_26_stable
$ make defconfig
$ make
...
$ make install CONFIG_PREFIX=<path>/rootfs_rpi
```

Suite à l'installation de BusyBox, on peut noter les modifications du root-filesystems, en l'occurrence l'ajout des répertoires contenant les fichiers exécutables.

```
$ ls -l
total 32
drwxrwxr-x 2 pierre pierre 4096 mai    7 17:00 bin
drwxrwxr-x 2 pierre pierre 4096 janv. 25 14:33 dev
drwxrwxr-x 2 pierre pierre 4096 mai    7 09:35 etc
drwxrwxr-x 2 pierre pierre 4096 mai    7 17:02 lib
lrwxrwxrwx 1 pierre pierre   11 mai    7 17:00 linuxrc -> bin/busybox
drwxrwxr-x 2 pierre pierre 4096 janv. 25 14:33 proc
drwxrwxr-x 2 pierre pierre 4096 mai    7 17:00 sbin
drwxrwxr-x 2 pierre pierre 4096 mai    7 09:35 sys
drwxrwxr-x 4 pierre pierre 4096 mai    6 15:44 usr
```

Installation des bibliothèques

La distribution n'est pas totalement terminée puisque, comme nous l'avons dit précédemment, BusyBox utilise des bibliothèques partagées qu'il faut installer sur notre distribution, dans le dossier lib. Ces bibliothèques sont fournies avec la chaîne croisée et disponibles sur le répertoire gcc-linaro-6.3.1-2017.02-x86_64_arm-linux-gnueabihf/ arm-linux-gnueabihf/libc/lib. Nous pourrions simplement copier les bibliothèques nécessaires en obtenant la liste par la commande suivante :

```
$ arm-linux-gnueabihf-readelf -a bin/busybox  | grep "\.so"
      [Requesting program interpreter: /lib/ld-linux-armhf.so.3]
  0x00000001 (NEEDED)            Bibliothèque partagée: [libm.so.6]
  0x00000001 (NEEDED)            Bibliothèque partagée: [libc.so.6]
```

Nous allons cependant expérimenter un autre outil provenant de la communauté Debian et également destiné à la création de la disquette de réparation. En effet, la commande mklibs permet d'automatiser la copie et d'optimiser la taille des bibliothèques. Elle crée les nouvelles bibliothèques en omettant les objets non utilisés par la liste des exécutables (qui dans notre cas se réduit à busybox).

```
$ mklibs --target arm-linux-gnueabihf -D -L ~/gcc-linaro-6.3.1-
2017.02-x86_64_arm-linux-gnueabihf/arm-linux-gnueabihf/libc/lib -d lib/ bin/
busybox
```

À l'issue de l'exécution de la commande, le répertoire lib contient les bibliothèques nécessaires. Nous pouvons désormais estimer l'espace occupé par la distribution, soit un peu plus de 2 Mo !

```
$ cd <path>/rootfs_rpi
$ du -sh .
2,1M    .
$ ls -l lib/
total 1400
-rwxr-xr-x 1 pierre pierre 101608 mai      7 17:02 ld-linux-armhf.so.3
-rwxrwxr-x 1 pierre pierre 894624 mai      7 17:02 libc.so.6
-rwxrwxr-x 1 pierre pierre 431620 mai      7 17:02 libm.so.6
```

À cela, il faudra bien entendu ajouter la taille du noyau Linux (environ 4 Mo) et du firmware, déjà fournis par la distribution Raspbian sur la partition VFAT.

Test du système sur la cible

On peut désormais remplacer le root-filesystem de la Raspbian par celui que nous venons de construire. Pour ce faire, on place de nouveau la micro-SD dans un lecteur du PC de développement.

On doit ensuite formater la deuxième partition, afin de remplacer le contenu par notre root-filesystem. Pour cela, on utilise les commandes suivantes :

```
$ umount /dev/mmcblk0p2
$ sudo mkfs.ext4 -L rootfs /dev/mmcblk0p2
```

Si l'on éjecte puis insère de nouveau la micro-SD, la partition EXT4 fraîchement formatée est automatiquement montée et l'on peut copier le contenu de notre nouveau root-filesystem.

```
$ sudo cp -a -v <path>/rootfs_rpi/* /media/pierre/rootfs
```

Si l'on démarre la Raspberry Pi 3 sur la micro-SD modifiée, on constate un démarrage quasiment instantané et une empreinte mémoire du root-filesystem presque 100 fois plus faible (9,3 Mo).

```
[    0.000000] Booting Linux on physical CPU 0x0
[    0.000000] Initializing cgroup subsys cpuset
[    0.000000] Initializing cgroup subsys cpu
[    0.000000] Initializing cgroup subsys cpuacct
[    0.000000] Linux version 4.4.9-v7+ (dc4@dc4-XPS13-9333) (gcc version 4.9.3
(crosstool-NG crosstool-ng-1.22.0-88-g8460611)) #884 SMP Fri May 6 17:28:59 BST 2016
[    0.000000] CPU: ARMv7 Processor [410fd034] revision (ARMv7), cr=10c5383d
[    0.000000] CPU: PIPT / VIPT nonaliasing data cache, VIPT aliasing
instruction cache
...
[    0.000000] Machine model: Raspberry Pi 3 Model B Rev 1.2
[    2.753202] smsc95xx v1.0.4
[    2.812410] smsc95xx 1-1.1:1.0 eth0: register 'smsc95xx' at usb-3f980000.
usb-1.1, smsc95xx USB 2.0 Ethernet, b8:27:eb:19:66:89
[    3.126504] console [ttyAMA0] enabled
[    3.131925] of_cfs_init
[    3.135739] of_cfs_init: OK
[    3.154896] EXT4-fs (mmcblk0p2): mounted filesystem with ordered data
mode. Opts: (null)
[    3.165567] VFS: Mounted root (ext4 filesystem) readonly on device 179:2.
[    3.174845] devtmpfs: mounted
[    3.179865] Freeing unused kernel memory: 480K (807e6000 - 8085e000)
[    3.314932] EXT4-fs (mmcblk0p2): re-mounted. Opts: data=ordered
[    3.335530] uart-pl011 3f201000.uart: no DMA platform data
```

```
Please press Enter to activate this console.
/ # df -h
Filesystem              Size      Used Available Use% Mounted on
/dev/root               3.5G      9.3M      3.3G   0% /
devtmpfs              458.5M         0    458.5M   0% /dev
```

Bien entendu – et contrairement à la Raspbian – ce système contient uniquement BusyBox, mais cela représente tout de même plusieurs centaines de commandes Linux simplifiées.

On remarque que le contenu du répertoire /dev (initialement vide lors de la création du root-filesystem) est créé dynamiquement au démarrage du système, grâce au système de fichiers *devtmpfs*, dont le principe de fonctionnement est proche de celui des formats *proc* et *sysfs* (basés sur des fichiers virtuels).

```
/ # mount
/dev/root on / type ext4 (rw,relatime,data-ordered)
devtmpfs on /dev type devtmpfs
(rw,relatime,size=469544k,nr_inodes=117386,mode=7
55)
```

De l'utilité d'un outil de construction

Il est clair que l'expérience précédente est un test qui n'a d'autre but que d'être pédagogique. La construction d'une véritable distribution est largement plus ardue, en raison des dépendances entre les composants (pour l'instant, nous avons uniquement installé BusyBox) et des mises à jour nécessaires. Il faut également prévoir les difficultés qui peuvent apparaître lors de la compilation croisée d'un composant (même si les composants sont de plus en plus « portables »). Cette tâche n'est jamais réalisée manuellement, mais systématiquement par un outil de construction nommé « build system » (ce que l'on peut traduire par « outil de construction »).

Il existe de nombreux outils de ce type dédiés à l'embarqué, parfois liés à des prestataires de services (citons ELDK chez DENX Software ou PTXdist chez Pengutronix) ou des fabricants de matériel (Arago Project chez TI, LTIB chez Freescale – désormais NXP).

Les outils évoqués (dont certains seront détaillés dans la suite de l'ouvrage) ont des caractéristiques communes.

• La distribution est construite à partir des *sources* en utilisant une procédure nommée *recette*. Comme dans la vraie vie, une recette décrit quels ingrédients utiliser et comment les assembler pour produire un composant binaire.

- Les sources ne sont pas fournies par l'outil, mais obtenues directement sur le dépôt du projet de chaque composant.

- L'outil peut fournir des *patchs* permettant de compiler correctement le composant pour une architecture donnée.

- L'outil peut bien entendu prendre en charge l'intégration de l'application livrée avec le système.

- L'outil peut produire une chaîne de compilation croisée ou utiliser une chaîne binaire externe.

IMPORTANT

On ne répétera jamais assez qu'un build system n'est PAS un environnement de *développement*, mais un outil d'*intégration*.

Il faut remarquer que, pour la plupart, les outils utilisés à ce jour à des fins généralistes furent initialement créés pour un projet ; citons Buildroot pour le projet uClibc (Micro-C-libC) ou Yocto (à l'époque OpenEmbedded) pour OpenZaurus.

REMARQUE

Le projet Android utilise un outil similaire pour construire l'image du système (la « ROM ») à partir des sources AOSP *(Android Open Source Project)*. La différence majeure est la présence des sources dans le dépôt AOSP, ce qui explique l'espace occupé par ce dernier (plusieurs dizaines de Go).

Conclusion

L'expérience – car c'est le mot – décrite dans ce chapitre met en avant l'évidente simplicité d'un système Linux minimal et aide à bien comprendre la nécessité d'utiliser un outil de construction.

Points clés

- Dans le cas d'un système embarqué, on préférera la construction d'une distribution à l'utilisation d'une distribution classique adaptée (pour ne pas dire « bricolée »). On utilise pour cela un *build system*.

- Il est possible – et en général plus simple – de réaliser un premier prototype sur une distribution classique.
- Les outils de construction (libres) disponibles sont le plus souvent à la base des produits commerciaux.

## 5

Utiliser Buildroot

À la fin du chapitre précédent, nous avons introduit la notion d'outil de construction de distribution ou « build system ». Nous allons désormais décrire en détail l'utilisation de Buildroot, qui a l'avantage d'être d'une approche relativement simple et permet l'intégration de tous les composants nécessaires à une distribution. La documentation de Buildroot, disponible sur https://buildroot.org/docs.html, est de très bonne qualité. Il ne s'agit pas ici de la paraphraser, mais plutôt de donner au lecteur les indications qui l'aideront à profiter plus pleinement de cette documentation.

Historique et introduction

À l'instar de plusieurs outils équivalents, Buildroot est né en 2001 de la nécessité fonctionnelle interne à un projet, uClibc (Micro-C-libC). Il s'agit d'une bibliothèque libC beaucoup plus légère que la Glibc et destinée à l'époque à des processeurs sans MMU. La libC était au centre du développement de tous les composants d'une distribution Linux (si l'on omet le noyau) ; le test de cette bibliothèque est donc fastidieux et nécessite de dérouler une procédure manuelle similaire à celle du chapitre précédent (mais n'oublions pas que notre distribution de test était limitée à BusyBox).

Dans Buildroot, un ensemble de fichiers Makefile utilisant la syntaxe étendue de GNU Make automatise la tâche en décrivant des règles de compilation croisée. La particularité de Buildroot est d'utiliser exclusivement la syntaxe GNU Make (ainsi que quelques scripts), et il est donc relativement simple à aborder. Alors qu'il n'était qu'un outil interne à uClibc, Buildroot était parfois utilisé pour des projets industriels, mais il était alors disponible uniquement sous le système de gestion de versions Sub-version (en abrégé SVN), sans version officielle. À la fin des années 2000, le projet fut repris par Peter Korsgaard et Thomas Petazzoni pour conduire à une première version officielle en février 2009 (nommée 2009.02). Depuis cette date, la communauté Buildroot produit une version stable tous les trois mois, la dernière étant la 2017.05 au moment de l'écriture de ces lignes.

Même si Buildroot est beaucoup moins répandu et techniquement avancé que son homologue Yocto (soutenu par la fondation Linux), il est un choix judicieux dans certains cas de figure. Nous verrons que Yocto est d'un abord plus difficile et qu'un passage par Buildroot est de toute manière profitable pour une première expérience.

Buildroot dispose d'une interface graphique de configuration, similaire à celle du noyau Linux, et donc accessible par des commandes `make menuconfig` / `xconfig` / `gconfig` (suivant l'interface choisie). Comme pour le noyau Linux – et BusyBox –, la configuration de Buildroot est sauvegardée dans un fichier `.config`, qui a la même syntaxe aux noms des variables près.

REMARQUE

Pour la plupart, les BSP industriels sont cependant fournis sous forme de recettes Yocto (on parlera plus tard de « layers »). L'apprentissage du seul outil Buildroot n'est donc pas suffisant pour la plupart des cibles disponibles sur le marché.

Premier test pour Raspberry Pi 3

Afin de satisfaire l'impatience du lecteur et démontrer – si cela est encore nécessaire – l'intérêt d'un tel outil, nous allons réaliser un premier test de construction de distribution pour la cible Raspberry Pi 3. Avant tout, il convient d'installer les paquets nécessaires à l'utilisation de Buildroot en consultant le lien https://buildroot.org/downloads/manual/manual.html#requirement-mandatory.

READ THE F... MANUAL !

La documentation disponible pour le projet Buildroot sur https://buildroot.org/downloads/manual/manual.html est d'excellente qualité. Nous conseillons au lecteur de s'y référer le plus souvent possible. Une version locale du manuel peut être produite avec `make manual` (ou bien en précisant le format de sortie HTML, PDF, etc., avec `make manual-<format>`).

L'étape suivante est d'obtenir les sources de Buildroot. Il est important de rappeler qu'un tel outil ne fournit pas les sources des composants à produire. La quantité de données à télécharger est donc modeste (quelques mégaoctets). Le projet Buildroot est géré sous Git depuis plusieurs années et le mieux est donc de réaliser un clone du dépôt.

```
$ git clone git://git.buildroot.net/buildroot
```

ou bien en cas de filtrage du protocole Git :

```
$ git clone https://git.buildroot.net/buildroot
```

Par défaut, il existe une seule branche correspondant au *master*, mais on peut également ment visualiser les *tags*, qui correspondent aux différentes versions de Buildroot. Nous sélectionnons uniquement ceux de l'année courante :

```
$ git branch
* master
$ git tag | grep 2017
2017.02
2017.02-rc1
2017.02-rc2
2017.02-rc3
2017.02.1
2017.02.2
2017.05
2017.05-rc1
2017.05-rc2
2017.05-rc3
```

Nous créons alors une branche correspondant à la dernière version stable :

```
$ git checkout -b v2017.05 2017.05
Basculement sur la nouvelle branche 'v2017.05'
$ git branch
* v2017.05
  master
```

REMARQUE

Le lecteur encore plus impatient pourra également charger l'archive tar.bz2, disponible sur la page d'accueil du site https://buildroot.org/download.html, et extraire l'archive par la commande tarxf <nom-de-l-image>.

Nous notons que de nombreuses cartes sont déjà prises en compte par Buildroot dont, bien entendu, les différents modèles de Raspberry Pi. Comme pour le noyau Linux, une configuration prédéfinie correspond à un fichier _defconfig. Dans le cas de Buildroot, ces fichiers sont rassemblés dans le répertoire configs. On remarque le nombre important de configurations disponibles (plus de 140), directement intégrées à Buildroot. Nous verrons que Yocto utilise une approche très différente en raison de sa modularité et de son approche beaucoup plus *dynamique* (par opposition à *statique*) que Buildroot.

```
$ ls configs | wc -l
145
$ ls configs/raspberrypi*
configs/raspberrypi0_defconfig          configs/raspberrypi3_defconfig
configs/raspberrypi2_defconfig          configs/raspberrypi_defconfig
```

Buildroot est utilisable au travers de la commande make. La liste des actions disponibles est accessible par la commande suivante :

```
$ make help
```

Pour l'instant, nous pouvons sélectionner la cible Raspberry Pi 3, puis lancer la production de la distribution (soit seulement deux commandes) :

```
$ make raspberrypi3_defconfig
$ make
```

La première compilation est bien entendu assez longue (environ 30 minutes sur un PC portable décent, hormis le temps de téléchargement des sources), car le comportement par défaut de Buildroot − et des outils similaires − est de construire la chaîne de compilation croisée − ce qui est souvent le choix le plus indiqué, mais prend également beaucoup de temps. Cette chaîne utilise par défaut la bibliothèque uClibc-ng, qui succède à la uClibc déjà évoquée (voir https://uclibc-ng.org). La chaîne peut également utiliser Glibc ou la libC réduite musl.

> **REMARQUE**
>
> Buildroot détecte automatiquement le nombre de cœurs utilisés pour la compilation. Il n'est donc pas nécessaire d'utiliser l'option -j de la commande make.

À l'issue de la compilation, les éléments produits sont disponibles dans le répertoire output/images, sachant que le répertoire output est créé lors de la compilation (et disparaît lors d'un make clean).

```
$ ls -lh output/images/
total 157M
-rw-r--r-- 1 pierre pierre   18K juin   1 18:59 bcm2710-rpi-3-b.dtb
-rw-r--r-- 1 pierre pierre   16K juin   1 18:59 bcm2710-rpi-cm3.dtb
-rw-r--r-- 1 pierre pierre   32M juin   1 18:59 boot.vfat
-rw-r--r-- 1 pierre pierre   60M juin   1 18:59 rootfs.ext2
lrwxrwxrwx 1 pierre pierre   11 juin   1 18:59 rootfs.ext4 -> rootfs.ext2
drwxr-xr-x 3 pierre pierre  4,0K juin   1 18:38 rpi-firmware
-rw-r--r-- 1 pierre pierre   93M juin   1 18:59 sdcard.img
-rw-r--r-- 1 pierre pierre  4,4M juin   1 18:59 zImage
```

Nous avons fait apparaître en gras le fichier correspondant à l'image de la carte micro-SD à utiliser sur la cible Raspberry Pi 3. Les autres fichiers sont pour la plupart intégrés à cette image (noyau Linux zImage, image EXT4 du root-filesystem rootfs. ext4, etc.). Comme pour le premier test avec la distribution Raspbian, nous copions l'image en utilisant la commande Linux dd :

```
$ sudo dd if=output/images/sdcard.img of=/dev/mmcblk0
```

Le temps de démarrage est − presque − comparable au cas du système construit manuellement, sauf qu'il conduit à une invite de connexion. Le nom d'utilisateur est *root* et il n'y a pas de mot de passe.

```
[    0.000000] Booting Linux on physical CPU 0x0
[    0.000000] Linux version 4.9.21-v7 (pierre@XPS-pf) (gcc version 5.4.0
(Buildro ot 2017.05)) #1 SMP Thu Jun 1 18:44:43 CEST 2017
...
Welcome to Buildroot
buildroot login: root
# uname -a
Linux buildroot 4.9.21-v7 #1 SMP Thu Jun 1 18:44:43 CEST 2017 armv7l GNU/
Linux
#
```

L'espace utilisé par la distribution est plus important, car Buildroot installe l'intégralité des bibliothèques du compilateur sur la cible (et non uniquement celles utilisées par BusyBox). De même, nous avons produit et installé l'intégralité des modules dynamiques du noyau (qui occupent 50 Mo sur /lib/modules), ce qui n'était pas le cas pour le test précédent.

```
# df -h
Filesystem            Size      Used Available Use% Mounted on
/dev/root            58.7M     52.6M     1.8M  97% /
devtmpfs            439.3M        0    439.3M   0% /dev
```

```
tmpfs                    443.8M            0    443.8M    0% /dev/shm
tmpfs                    443.8M        28.0K    443.8M    0% /tmp
tmpfs                    443.8M        16.0K    443.8M    0% /run

# du -sh /lib
51.3M    /lib
# du -sh /lib/modules/
50.2M    /lib/modules/
```

Nous notons l'espace occupé par la bibliothèque uClibc, qui est près de deux fois infé-rieur à celui de la Glibc du test précédent (873 Ko malgré l'optimisation par `mklibs`).

```
# ls -lh /lib/libuClibc-1.0.24.so
-rwxr-xr-x    1 root        root        401.8K Jun  1  2017 /lib/
libuClibc-1.0.24.so
```

Fonctionnement et configuration

Après avoir réalisé un premier test rapide, nous allons décrire le fonctionnement de Buildroot. Suite à cela, nous pourrons voir comment adapter la distribution produite à nos besoins, en ajoutant des spécificités ou des composants externes. La figure suivante décrit le mécanisme de fonctionnement de Buildroot.

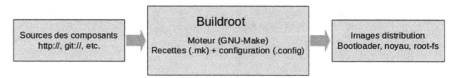

Schéma de fonctionnement de Buildroot

La partie gauche concerne les données d'entrée, en l'occurrence les sources des diffé-rents composants de la distribution. Ces derniers peuvent provenir des communautés (comme le noyau Linux ou BusyBox) ou bien être fournis par l'utilisateur sous forme de nouveaux composants (ou « paquets »). La partie droite concerne les éléments produits (principalement le noyau et l'image du root-filesystem).

REMARQUE

Buildroot produit un système plus proche d'un « firmware » Linux que d'une distribution, car il n'inclut pas de gestionnaire de paquets (RPM, DEB ou équivalent) comme on peut l'avoir sur une distribution classique ou produite par Yocto. Cette approche interdit la mise à jour par paquets habituellement utilisée sous Linux, mais peut se justifier pour une distribution très légère.

La partie centrale concerne Buildroot lui-même. On note que la configuration générale de la distribution produite est localisée dans un fichier .config (comme pour le noyau Linux). Le fonctionnement est quant à lui basé sur des fichiers Makefile au format GNU Make, ainsi que des fichiers Config.in décrivant l'interface graphique de configuration. Un des gros avantages de Buildroot est de fournir une telle interface, ce qui facilite la prise en main même si l'on a peu d'expérience. Nous détaillerons le format du fichier Config.in lorsque nous étudierons l'ajout de composants externes.

Le principe de construction d'une distribution Buildroot se résume aux étapes suivantes.

1. Buildroot crée – ou importe – la chaîne de compilation croisée en fonction de l'architecture cible choisie (ARM dans notre cas). Il la place par défaut dans output/host.

2. La deuxième étape crée dans output/target le squelette de la distribution à partir du squelette initial fourni par Buildroot.

3. Les différents composants sélectionnés sont compilés dans le répertoire output/build par ordre alphabétique et en fonction des dépendances. Pour chaque composant, on déroule les étapes de production (download, extract, patch, configure, build, install). Les sources des composants sont placées par défaut dans le répertoire dl.

4. Finalement, les images binaires du système sont créées dans le répertoire output/images. La création de l'image du root-filesystem est basée sur l'utilitaire fakeroot, qui permet de lancer des commandes dans un environnement simulant les droits de l'administrateur – d'où son nom – et donc d'utiliser Buildroot en tant que simple utilisateur.

> **REMARQUE**
>
> Buildroot utilise GNU Make comme moteur de production. Il n'est donc pas possible de paralléliser des actions, mis à part la compilation en utilisant l'option -j (configurée automatiquement par Buildroot). Nous verrons que Yocto utilise le moteur BitBake qui est capable de paralléliser les tâches.

Une fois le fichier de configuration .config créé à partir d'un fichier _defconfig (tel que raspberrypi3_defconfig), on sauvegarde les modifications – par défaut sur le même fichier – par la commande make savedefconfig.

Comme pour le noyau Linux (ou BusyBox), chaque option de configuration est définie par la valeur d'une variable dans le fichier .config. Dans le cas de Builroot, toutes les variables sont préfixées par BR2_.

```
$ more .config
#
# Automatically generated file; DO NOT EDIT.
# Buildroot 2017.05 Configuration
#
BR2_HAVE_DOT_CONFIG=y
BR2_HOST_GCC_AT_LEAST_4_5=y
...


#
# Target options
#
BR2_ARCH_HAS_MMU_OPTIONAL=y
# BR2_arcle is not set
# BR2_arceb is not set
BR2_arm=y
# BR2_armeb is not set
...
```

La seule manière propre d'éditer ce fichier est d'utiliser la commande make menuconfig (ou xconfig / gconfig). Dans cet ouvrage et dans un souci de concision, nous utiliserons uniquement make menuconfig. On obtient alors l'écran suivant décrivant les différentes sections (ou menus) pour la configuration de la distribution.

```
                    Buildroot 2017.05 Configuration
     Arrow keys navigate the menu.  <Enter> selects submenus ---> (or empty
     submenus ----).  Highlighted letters are hotkeys.  Pressing <Y>
     selectes a feature, while <N> will exclude a feature.  Press
     <Esc><Esc> to exit, <?> for Help, </> for Search.  Legend: [*] feature

         █ Target options   --->
             Build options   --->
             Toolchain   --->
             System configuration   --->
             Kernel   --->
             Target packages   --->
             Filesystem images   --->
             Bootloaders   --->
             Host utilities   --->
             Legacy config options   --->
             External options   --->



            <Select>    < Exit >    < Help >    < Save >    < Load >
```

Écran principal de configuration

La partie supérieure de l'écran indique brièvement les raccourcis utilisables lors de la configuration. Nous pouvons citer deux fonctions très utiles.

• Pour la plupart, les options correspondent à une variable préfixée par BR2_ dans le fichier .config et l'action sur la touche ? (ou bien le bouton *Help*) affiche le nom de la variable ainsi qu'une aide en ligne.

- La touche / sert à rechercher une chaîne de caractères parmi les milliers de variables BR2_* de la configuration de Buildroot.

Les rubriques sont logiquement classées par ordre de priorité, en commençant par le type de plate-forme cible *(Target options)*, qui peut être x86, ARM, etc. La Pi 3 est quant à elle équipée d'un processeur ARM Cortex-A7 (si on l'utilise en 32 bits).

```
Target Architecture (ARM (little endian))  --->
Target Binary Format (ELF)  --->
Target Architecture Variant (cortex-A7)  --->
Target ABI (EABIhf)  --->
Floating point strategy (NEON/VFPv4)  --->
ARM instruction set (ARM)  --->
```

Architecture de la cible

Il faut noter que l'outil de configuration est *contextuel*, la sélection d'une option entraînant la possibilité (ou l'interdiction) d'en sélectionner une autre. C'est la raison pour laquelle il est formellement interdit de modifier le fichier .config hors de l'outil de configuration, comme indiqué au début du fichier, car cela pourrait détruire la cohérence de la configuration.

Il serait bien entendu très long et rébarbatif de détailler toutes les options de configuration dans un « inventaire à la Prévert », sachant que certaines dépendent de l'architecture matérielle choisie. Nous nous focaliserons donc sur les options au premier niveau de configuration (le premier écran), tout en nous permettant d'explorer les autres niveaux pour les besoins de la démonstration. Notons que bon nombre d'options peuvent conserver leurs valeurs par défaut.

Dans la suite, nous verrons comment la configuration d'une cible est construite (compilateur, noyau, paramètres système) afin d'arriver à la distribution générique utilisée au début du chapitre.

Options de construction

Ce menu est en général très peu modifié, car il définit les paramètres généraux de Buildroot.

```
█ Commands --->
(<path>/configs/raspberrypi3_defconfig) Location to save buildroot config
($(TOPDIR)/dl) Download dir
($(BASE_DIR)/host) Host dir
    Mirrors and Download locations --->
(0) Number of jobs to run simultaneously (0 for auto)
[ ] Enable compiler cache
[ ] build packages with debugging symbols
    strip command for binaries on target (strip) --->
() executables that should not be stripped
() directories that should be skipped when stripping
    gcc optimization level (optimize for size) --->
    *** Stack Smashing Protection needs a toolchain w/ SSP ***
    libraries (shared only) --->
($(CONFIG_DIR)/local.mk) Location of a package override file
() global patch directories
    Advanced --->
```

Options de construction

Les trois premières options du menu sont cependant susceptibles d'êtres modifiées, car elles définissent :

- le chemin d'accès au fichier _defconfig utilisé pour la configuration courante de Buildroot ;
- le répertoire dans lequel les sources des composants à compiler seront téléchargées ;
- le répertoire dans lequel seront placés les outils produits par Buildroot et utilisés sur l'hôte (en premier lieu le compilateur croisé).

La valeur du premier paramètre est importante étant donné que, si l'on part d'une configuration par défaut (soit raspberrypi3_defconfig) et si l'on effectue des modifications, il faudra se garder d'écraser le fichier initial lors de la sauvegarde de la configuration par la commande make savedefconfig. Il conviendra de modifier ce paramètre, et donc le nom du fichier.

La valeur du deuxième paramètre sera modifiée si l'on désire partager les sources entre plusieurs instances de Buildroot (ou plusieurs utilisateurs). Par défaut, la variable interne TOPDIR correspond au répertoire de Buildroot et les sources sont disponibles dans le sous-répertoire dl.

Enfin, la modification du troisième paramètre permettra de placer la chaîne croisée produite à l'extérieur du répertoire de Buildroot, en cas d'utilisation mutualisée de cette chaîne. La variable BASE_DIR correspond à $(TOPDIR)/output.

Choix d'une chaîne de compilation

Le menu *Toolchain* est d'une grande importance, puisqu'il définit le compilateur utilisé pour produire la distribution. Ce compilateur servira également pour produire les applications fonctionnant sur la cible. Il pourra être enrichi par des bibliothèques sélectionnées dans la configuration de Buildroot.

Nous avons choisi d'utiliser la chaîne produite par Buildroot et basée sur uClibc-ng. L'avantage est la concision de la distribution produite, mais cela peut entraîner des problèmes de compatibilité avec certains composants habituellement compilés avec une chaîne basée sur Glibc. Dans certains cas, Buildroot fournit si nécessaire un *patch* pour compiler le composant avec la chaîne uClibc-ng. À titre d'exemple, les lignes suivantes décrivent un patch nécessaire pour SoX :

```
$ head package/sox/0001-uclibc.patch
Make SoX support uclibc-based toolchains, from:
http://sourceforge.net/p/sox/bugs/179/

Signed-off-by: Gustavo Zacarias <gustavo@zacarias.com.ar>
...
```

L'écran page suivante indique que le compilateur croisé dépend du noyau Linux, soit actuellement une version identique à celle de la cible, ce qui est le meilleur cas de figure.

```
█ Toolchain type (Buildroot toolchain)  --->
     *** Toolchain Buildroot Options ***
(buildroot) custom toolchain vendor name
     C library (uClibc-ng)  --->
     *** Kernel Header Options ***
     Kernel Headers (Same as kernel being built)  --->
     Custom kernel headers series (4.9.x)  --->
     *** uClibc Options ***
(package/uclibc/uClibc-ng.config) uClibc configuration file to use?
() Additional uClibc configuration fragment files
[ ] Enable WCHAR support
```

Chaîne de compilation croisée

L'option *C library* demande de sélectionner la libC à utiliser parmi uClibc, Glibc et musl.

```
(X) uClibc-ng
( ) glibc
( ) musl█
```

Sélection de la libC à utiliser

Buildroot autorise également à choisir un compilateur externe, soit dans une liste d'outils connus (Linaro, Sourcery Codebench), soit en précisant manuellement les caractéristiques (chemin d'accès, nom). Le recours à un compilateur externe est motivé soit par le temps de production de la distribution (largement réduit), soit par la nécessité d'utiliser un compilateur spécifique fourni par le fabricant du matériel.

Encore une fois, l'outil de configuration de Buildroot propose uniquement des choix compatibles avec la cible. En cas de sélection de *External toolchain* dans l'option *Toolchain type*, on obtient l'écran suivant :

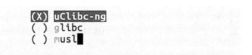

```
Toolchain type (External toolchain)  --->
     *** Toolchain External Options ***
█ Toolchain (Linaro ARM 2017.02)  --->
Toolchain origin (Toolchain to be downloaded and installed)  --->
```

Choix d'une chaîne de compilation externe

L'outil de configuration propose la chaîne Linaro ARM 2017.02, que l'on doit télécharger sur le site de Linaro (d'où la sélection de *Toolchain to be downloaded and installed* dans l'option *Toolchain origin*). Si l'on entre dans le menu de sélection de la chaîne par l'option *Toolchain*, l'outil de configuration indique que seule la chaîne Linaro est compatible avec la cible, l'autre choix (Sourcery CodeBench) utilisant l'ABI *EABI* et non *EABIhf* (déclarée dans le menu *Target options*). Le message complet – hélas tronqué – est en fait *Sourcery CodeBench toolchains available for the EABI ABI*.

```
*** Linaro toolchains available for Cortex-A + EABIhf *
(X) Linaro ARM 2017.02
    *** Sourcery CodeBench toolchains available for the EAB
( ) Custom toolchain
```

Message d'avertissement sur l'ABI EABI

L'utilisation d'une chaîne spéciale nécessite de sélectionner *Pre-installed toolchain* dans l'option *Toochain origin*. On doit alors spécifier le chemin d'accès à la chaîne externe et d'autres paramètres, comme indiqué sur l'écran ci-après. Dans ce cas de figure, la compatibilité avec la cible n'est pas garantie, car Buildroot ne connaît pas les caractéristiques de la chaîne utilisée. Ce choix est donc réservé à des cas très exceptionnels, comme l'intégration d'une chaîne de compilation spécifique au constructeur de matériel.

```
    Toolchain type (External toolchain)  --->
    *** Toolchain External Options ***
    Toolchain (Custom toolchain)  --->
    Toolchain origin (Pre-installed toolchain)  --->
(/path/to/toolchain/usr) Toolchain path (NEW)
($(ARCH)-linux) Toolchain prefix (NEW)
    External toolchain gcc version (4.3.x)  --->
    External toolchain kernel headers series (2.6.x)  --->
    External toolchain C library (uClibc/uClibc-ng)  --->
```

Choix d'une chaîne spéciale

> **REMARQUE**
>
> L'utilisateur aura parfois intérêt à construire une nouvelle chaîne de compilation plus récente, plutôt que d'utiliser une chaîne spécifique. Cependant, les choses ne sont pas forcément simples dans le cas d'un BSP basé sur un noyau Linux obsolète, qui peut être incompatible avec une chaîne de compilation récente. Il est donc conseillé de choisir le matériel en fonction de la qualité du BSP mais, là encore, ce choix n'est pas forcément toujours possible en fonction de l'historique du projet (par exemple, si l'on travaille avec un matériel ancien).

Dans tous les cas de figure, la chaîne de compilation est construite avec la distribution (make ou make all). On peut également se limiter à la construction de la chaîne par la commande make toolchain.

Ensuite, on peut utiliser la chaîne produite en ajoutant le chemin d'accès à la variable PATH. Rappelons que ce chemin est défini dans la configuration Buildroot par la variable BR2_HOST_DIR, que l'on peut modifier dans le menu *Build options*.

```
$ grep BR2_HOST_DIR .config
BR2_HOST_DIR="$(BASE_DIR)/host"
$ export PATH=$PATH:<BR2_HOST_DIR-value>/usr/bin

$ arm-buildroot-linux-uclibcgnueabihf-gcc -v
...
gcc version 5.4.0 (Buildroot 2017.05)
```

REMARQUE

Au moment de la rédaction de ce chapitre, une modification disponible dans la future version 2017.08 donnera la possibilité de rendre le SDK *relogeable*, c'est-à-dire installable dans n'importe quel répertoire du système, ce qui n'est pas le cas actuellement. La commande make sdk produit un script relocate-sdk.sh permettant de reloger le SDK après déplacement dans un nouveau répertoire.

Configuration du système

Le menu *System configuration* rassemble diverses options, dont certaines sont anodines ou triviales (nom de la machine, message d'accueil, nom de l'interface réseau), mais d'autres plus complexes comme la gestion des entrées du répertoire /dev, les répertoires d'*overlays* et les scripts de pré/post-installation. L'écran correspondant propose un grand nombre d'options de configuration et, une fois de plus, nous nous focaliserons sur les plus utiles. Les fichiers liés à la cible seront localisés sur board/<nom-de-cible>, soit dans notre cas board/raspberrypi3.

```
    Root FS skeleton (default target skeleton)  --->
(buildroot) System hostname
(Welcome to Buildroot) System banner
      Passwords encoding (md5)  --->
      Init system (BusyBox)  --->
      /dev management (Dynamic using devtmpfs only)  --->
(system/device_table.txt) Path to the permission tables
[ ] support extended attributes in device tables
[ ] Use symlinks to /usr for /bin, /sbin and /lib
[*] Enable root login with password
()      Root password
      /bin/sh (busybox' default shell)  --->
[*] Run a getty (login prompt) after boot  --->
[*] remount root filesystem read-write during boot
(eth0) Network interface to configure through DHCP
[*] Purge unwanted locales
(C en_US) Locales to keep
[ ] Install timezone info
()  Path to the users tables
()  Root filesystem overlay directories
(board/raspberrypi3/post-build.sh) Custom scripts to run before creating filesystem images
()  Custom scripts to run inside the fakeroot environment
(board/raspberrypi3/post-image.sh) Custom scripts to run after creating filesystem images
(--add-pi3-miniuart-bt-overlay) Extra arguments passed to custom scripts
```

Configuration du système

Prise en compte du répertoire /dev

Ce point correspond à l'option *dev management* de l'écran de configuration. Comme nous l'avons vu dans le chapitre de rappels sur Linux, le répertoire /dev est très important pour un système UNIX, car il contient des fichiers spéciaux (ou *device nodes*) permettant à une application d'accéder à un pilote de périphérique par des appels système comme open(), read() ou write(). La liste des choix possibles pour la prise en compte de /dev est présentée sur l'écran suivant.

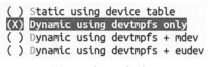

Prise en charge de /dev

Nous constatons que Buildroot propose quatre solutions, trois dynamiques – basées sur devtmpfs – et une statique.

La première option, *Static using device table*, permet d'utiliser une table de fichiers spéciaux – soit par défaut system/device_table_dev.txt – afin de créer un répertoire /dev statique comme c'était le cas avant l'utilisation du service udev (et sous UNIX en général). Le format du fichier est très simple, chaque ligne correspondant à la définition d'un ou plusieurs *device node(s)*.

```
# This device table is used only to create device files when a static
# device configuration is used (entries in /dev are static).
#
# <name>   <type>   <mode>   <uid>   <gid>   <major>   <minor>   <start>   <inc>
<count>

# Normal system devices
/dev/mem       c   640   0   0   1   1   0   0   -
/dev/kmem      c   640   0   0   1   2   0   0   -
/dev/null      c   666   0   0   1   3   0   0   -
/dev/zero      c   666   0   0   1   5   0   0   -
/dev/random    c   666   0   0   1   8   0   0   -
/dev/urandom   c   666   0   0   1   9   0   0   -
/dev/ram       b   640   0   0   1   1   0   0   -
/dev/ram       b   640   0   0   1   0   0   1   4
...
```

Les autres options utilisent devtmpfs, dont le fonctionnement a déjà été expliqué précédemment, en l'occurrence la création par le noyau de fichiers virtuels dans le répertoire. De ce fait, le répertoire /dev est vide (ou presque) lors de la création du système et les fichiers spéciaux sont créés lors du démarrage. La configuration Buildroot par défaut pour la Raspberry Pi 3 utilise devtmpfs via l'option *Dynamic using devtmpfs only*.

À ce principe, on peut ajouter l'utilisation du service udev, qui crée dynamiquement des entrées dans /dev si un périphérique est inséré a posteriori. Le service udev est également capable d'exécuter des règles lors de l'insertion de certains périphériques (par exemple, modifier des droits d'accès). L'option *Dynamic using devtmpfs + mdev* basée sur mdev n'a pas beaucoup d'intérêt, car mdev est une pâle copie de udev fournie par Busybox. La dernière option *Dynamic using devtmpfs + eudev* permet d'utiliser eudev, qui est un projet *fork* de udev créé pour la distribution Gentoo. Pour la plupart en effet, les distributions utilisent désormais *systemd*, qui remplace le système d'initialisation SysVinit créé pour UNIX System V et basé sur des scripts « rc » (pour *run command*). Gentoo fournit eudev afin de garantir la compatibilité avec d'autres systèmes de démarrage comme OpenRC, Upstart et des versions du noyau Linux plus anciennes. La tendance actuelle est à l'utilisation de systemd, y compris pour les systèmes embarqués – un peu élaborés. Dans le cas du choix de systemd dans Buildroot, la version de udev utilisée est celle de systemd et non celle d'eudev. La figure suivante correspondant à l'option *Init system*, qui utilise BusyBox par défaut pour la Raspberry Pi 3.

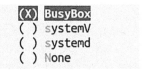

Choix du système de démarrage

Utilisation des « overlays »

Cette option met en place une fonctionnalité très intéressante permettant de modifier indirectement le squelette du root-filesystem fourni par Buildroot dans system/skeleton. Lors de la production du système, le contenu de ce répertoire est copié dans output/target, qui représente – presque – le contenu du root-filesystem de la cible. Si l'application nécessite des fichiers à ajouter au squelette, il suffit de préciser dans ce champ le chemin d'accès à l'arborescence ajoutée (ou « overlay »). L'exemple suivant remplace le fichier /etc/fstab pour ajouter le montage de la première partition VFAT sur le répertoire /boot :

```
$ tree board/raspberrypi3/my_overlay
board/raspberrypi3/my_overlay
├ boot
└ etc
  └ fstab
```

Pour prendre en compte cet overlay, il suffit de modifier la configuration comme sur l'écran suivant, puis de produire de nouveau la distribution grâce à la commande make (qui ne prendra que quelques secondes).

```
()   Path to the users tables
(board/raspberrypi3/my_overlay) Root filesystem overlay directories
(board/raspberrypi3/post-build.sh) Custom scripts to run before creating filesystem images
()   Custom scripts to run inside the fakeroot environment
(board/raspberrypi3/post-image.sh) Custom scripts to run after creating filesystem images
(--add-pi3-miniuart-bt-overlay) Extra arguments passed to custom scripts
```

Ajout d'un répertoire d'overlay

On devine rapidement l'intérêt que peut avoir une telle fonctionnalité, car une configuration Buildroot *générique* comme celle que nous utilisons actuellement pourra être facilement adaptée en fonction du projet !

Utilisation des scripts

Cette option sert à définir un ensemble de scripts à exécuter durant la procédure de création des images dans output/images. L'exécution des scripts s'effectue à trois niveau :

- avant la création de l'image, le script travaillant alors sur le répertoire output/target ;
- juste avant la fin de l'exécution de fakeroot, ce qui permet d'effectuer des modifications nécessitant des droits administrateur ;
- après la création des images système (noyau, root-filesystem), ce qui permet par exemple de créer une image de micro-SD comme pour la Raspberry Pi 3.

> **REMARQUE**
>
> Cette fonctionnalité (en particulier les deux premières options) doit être utilisée à bon escient, car elle autorise des manipulations « sauvages » sur le root-filesystem, qui peuvent souvent être effectuées d'une autre manière.

Dans le cas de la Raspberry Pi 3, on utilise le script post-build.sh qui crée une entrée pour la console dans le fichier /etc/inittab.

```
# Add a console on tty1
if [ -e ${TARGET_DIR}/etc/inittab ]; then
    grep -qE '^tty1::' ${TARGET_DIR}/etc/inittab || \
        sed -i '/GENERIC_SERIAL/a\
tty1::respawn:/sbin/getty -L  tty1 0 vt100 # HDMI console' ${TARGET_DIR}/etc/
inittab
fi
```

Le script post_image.sh crée l'image sdcard.img à écrire sur la micro-SD en utilisant la commande genimage développée par Pengutronix.

Sélection du noyau Linux

Le menu *Kernel* ne présente pas de difficulté. On y saisit la version du noyau à compiler sous diverses formes (numéro de version ou de *commit* Git, par exemple). Il sert aussi à définir le chemin d'accès (URL) aux sources du noyau en utilisant diverses méthodes d'accès (par exemple HTTP, Git, FTP ou bien SVN) et en précisant la version désirée.

```
[*] Linux Kernel
        Kernel version (Custom Git repository)  --->
(https://github.com/raspberrypi/linux.git) URL of custom repository
(5e4ee836560d4c0371e109bf469e1ad808ae7a44) Custom repository version
()      Custom kernel patches
        Kernel configuration (Using an in-tree defconfig file)  --->
(bcm2709) Defconfig name
()      Additional configuration fragment files
        Kernel binary format (zImage)  --->
        Kernel compression format (gzip compression)  --->
[*]     Build a Device Tree Blob (DTB)
            Device tree source (Use a device tree present in the kernel.)  --->
(bcm2710-rpi-3-b bcm2710-rpi-cm3) Device Tree Source file names
[ ]     Install kernel image to /boot in target
        Linux Kernel Extensions  --->
        Linux Kernel Tools  --->
```

Sélection du noyau Linux

Dans le cas de la Raspberry Pi 3, le noyau est obtenu auprès du dépôt de la fondation Raspberry Pi (sur GitHub) et l'on utilise le fichier de configuration bcm2709_defconfig fourni avec ce noyau. Il est bien entendu possible de fournir un fichier de configuration spécial en sélectionnant une autre option dans *Kernel configuration*. On remarque l'option *Custom kernel patches*, qui n'est pas utilisée ici. Elle définit une liste de répertoires (souvent dans board/<nom-de-la-cible>/) contenant des fichiers .patch appliqués aux sources du noyau dans l'ordre ASCII.

L'option *Kernel binary format* mérite quelques explications, même si notre plate-forme de test Raspberry Pi 3 n'est pas directement concernée. Dans le cas d'une architecture ARM, le noyau statique porte par défaut le nom zImage (image compressée).

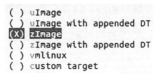

```
( ) uImage
( ) uImage with appended DT
(X) zImage
( ) zImage with appended DT
( ) vmlinux
( ) custom target
```

Format de l'image du noyau

Le choix uImage crée un fichier au format U-Boot, ce dernier étant le bootloader le plus utilisé dans l'industrie (d'où le U pour *Universal*). Les anciennes versions d'U-Boot ne traitaient pas le format zImage et l'on devait créer un fichier uImage qui corresponde au format du fichier zImage augmenté d'un en-tête propre à U-Boot et contenant les caractéristiques du fichier. Comme l'indique l'exemple ci-après, cette opération est réalisée par la commande mkimage fournie avec U-Boot. Cette commande est exécutée automatiquement par Buildroot si nécessaire.

```
$ mkimage -A arm -O linux -T kernel -C none -a 0x00008000    -e 0x00008000
-d zImage uImage
```

Il est désormais possible de démarrer un noyau zImage dans U-Boot grâce à la commande bootz (en plus de bootm), évoquée dans le chapitre consacré à U-Boot. Les choix comme *zImage with appended DT* méritent également une explication, car nous avons vu que la plate-forme ARM utilise la notion de *device tree* déjà évoquée dans les chapitres précédents. Les bootloaders actuels sont compatibles avec le device tree et, en plus du noyau statique, on doit charger le fichier .dtb pour assurer le fonctionnement du noyau. Si tel n'est pas le cas, on peut ajouter le contenu du fichier .dtb à la suite du fichier zImage pour produire une image unique qui pourra être chargée par n'importe quel bootloader (sous réserve d'activer l'option CONFIG_ARM_APPENDED_DTB dans la configuration du noyau). La Raspberry Pi 3 ne déroge pas à la règle et utilise un fichier .dtb chargé par le firmware de la carte (qui joue le rôle du bootloader). Si l'on retourne à l'écran de configuration du noyau, on remarque que l'option *Build a Device Tree Blob (DTB)* est activée et que les fichiers produits sont bcm2710-rpi-3-b.dtb et bcm2710-rpi-cm3.dtb.

Les dernières options de menu *Kernel* sont plus anecdotiques, sauf si l'on désire utiliser quelques extensions du noyau Linux (en particulier pour des capacités temps réel), comme Xenomai qui est prise en charge par Buildroot depuis de nombreuses années.

Choix des composants de la distribution

Le menu *Target packages* est fondamental, car il définit les différents composants à ajouter au système final. Notons que, sous Buildroot, le terme *package* est utilisé même s'il n'existe pas de système de gestion de paquets (nous utiliserons donc souvent le terme *composant*). Le nombre de composants pris en compte par la version Buildroot 2017.05 dépasse les 1 800 et l'écran de configuration est de ce fait assez complexe. À titre de comparaison, la première version officielle de Buildroot (2009.02) proposait moins de 300 composants ! Une liste en ligne des paquets de la version courante de Buildroot est disponible à l'adresse http://autobuild.buildroot.net/stats.

```
-*- BusyBox
(package/busybox/busybox.config) BusyBox configuration file to use?
()     Additional BusyBox configuration fragment files
[ ]    Show packages that are also provided by busybox
[ ]    Install the watchdog daemon startup script
       Audio and video applications  --->
       Compressors and decompressors  --->
       Debugging, profiling and benchmark  --->
       Development tools  --->
       Filesystem and flash utilities  --->
       Fonts, cursors, icons, sounds and themes  --->
       Games  --->
       Graphic libraries and applications (graphic/text)  --->
       Hardware handling  --->
       Interpreter languages and scripting  --->
       Libraries  --->
       Mail  --->
       Miscellaneous  --->
       Networking applications  --->
       Package managers  --->
       Real-Time  --->
       Security  --->
       Shell and utilities  --->
       System tools  --->
       Text editors and viewers  --->
```

Choix des composants de la distribution

REMARQUE

On peut raisonnablement se poser la question d'une limite du modèle « statique » de Buildroot, dans lequel des composants sont ajoutés au fur et à mesure de l'évolution des versions. Il en est de même du support des cibles matérielles (140 à ce jour). L'approche Yocto/OpenEmbedded est différente, car elle se limite à la prise en charge d'un faible nombre de cibles de référence (et d'un faible nombre de composants), le système étant ensuite enrichi par l'ajout de couches (layers) disponibles dans des dépôts séparés. Cette méthode repose cependant sur la qualité (et la fréquence de mise à jour) des layers externes. Dans la réalité, on note que de nombreux BSP Yocto ne sont pas forcément en phase avec la version de Yocto.

On note que le composant BusyBox est indispensable, car il est utilisé dans le menu *System configuration>Init system*. La suite des paquets est classée par catégories et l'utilisateur n'a qu'à parcourir les menus pour les sélectionner. Certains composants évolués (comme Qt) permettent d'activer ou non certaines fonctionnalités spécifiques, toujours dans une approche d'optimisation de l'empreinte mémoire finale. Comme nous l'avons dit précédemment, Buildroot gère les dépendances et la sélection d'un paquet entraîne parfois la sélection de plusieurs autres. Chaque paquet correspond à un répertoire package/<nom-du-paquet> ; il est compilé dans le répertoire output/build/<nom-du-paquet>.

```
$ ls -l output/build/
total 296
drwxr-xr-x   4 pierre pierre    4096 juin    1 17:22 buildroot-config
-rw-r--r--   1 pierre pierre   18428 juin    1 18:59 build-time.log
drwxr-xr-x  35 pierre pierre    4096 juin    1 18:26 busybox-1.26.2
drwxr-xr-x   3 pierre pierre    4096 juin    1 18:59 genimage.tmp
drwxr-xr-x  16 pierre pierre    4096 juin    1 18:59 host-acl-2.2.52
drwxr-xr-x  16 pierre pierre    4096 juin    1 18:59 host-attr-2.4.47
drwxr-xr-x   9 pierre pierre    4096 juin    1 18:28 host-autoconf-2.69
drwxr-xr-x  11 pierre pierre    4096 juin    1 18:31 host-automake-1.15
drwxr-xr-x  18 pierre pierre    4096 juin    1 17:24 host-binutils-2.27
drwxr-xr-x   5 pierre pierre    4096 juin    1 18:26 host-dosfstools-4.0
drwxr-xr-x  18 pierre pierre    4096 juin    1 18:33 host-e2fsprogs-1.43.4
drwxr-xr-x   8 pierre pierre    4096 juin    1 18:59 host-fakeroot-1.20.2
drwxr-xr-x   9 pierre pierre    4096 juin    1 18:33 host-flex-2.5.37
drwxr-xr-x  39 pierre pierre    4096 juin    1 18:26 host-gcc-final-5.4.0
drwxr-xr-x  39 pierre pierre    4096 juin    1 17:37 host-gcc-initial-5.4.0
drwxr-xr-x   3 pierre pierre    4096 juin    1 18:33 host-genext2fs-1.4.1
drwxr-xr-x   4 pierre pierre    4096 juin    1 18:33 host-genimage-9
drwxr-xr-x  16 pierre pierre    4096 juin    1 17:28 host-gmp-6.1.2
drwxr-xr-x  10 pierre pierre    4096 juin    1 18:38 host-kmod-24
drwxr-xr-x   9 pierre pierre    4096 juin    1 18:33 host-libconfuse-3.0
drwxr-xr-x   7 pierre pierre    4096 juin    1 18:27 host-libtool-2.4.6
...
```

La liste des paquets « officiels » étant statique (dans le sous-répertoire package), l'ajout d'un composant entraîne l'ajout d'un nouveau sous-répertoire (ce qui modifie Buildroot). Si le composant a un intérêt pour le plus grand nombre, on pourra proposer à la communauté Buildroot de l'intégrer à une future version. Si le composant n'est pas publiable ou n'a pas d'intérêt pour tous, on l'ajoutera en tant que composant *externe* avec la fonctionnalité *br2-external* (basée sur la variable d'environnement BR2_EXTERNAL), qui sera détaillée plus loin dans ce chapitre.

Nous allons désormais nous attacher à décrire brièvement le principe d'un paquet Buildroot, en l'occurrence le contenu du sous-répertoire package/<nom-du-paquet>. Le détail du contenu des fichiers du sous-répertoire sera décrit dans la partie concernant l'ajout d'un paquet externe, car la syntaxe est strictement la même que pour un paquet interne. Si l'on prend l'exemple d'un composant simple comme la commande xz, le contenu du sous-répertoire associé est le suivant :

```
$ ls -l package/xz/
total 12
-rw-rw-r-- 1 pierre pierre 559 mai    24 09:26 Config.in
-rw-rw-r-- 1 pierre pierre 140 mai    24 09:26 xz.hash
-rw-rw-r-- 1 pierre pierre 612 mai    24 09:27 xz.mk
```

Le fichier Config.in décrit l'interface de configuration du composant en utilisant le langage Kconfig créé initialement pour la configuration du noyau. La syntaxe du langage est décrite sur https://www.kernel.org/doc/Documentation/kbuild/kconfig-language.txt. Le fichier xz.mk décrit en syntaxe GNU Make la procédure de construction du composant pour la cible prévue. Le fichier xz.hash contient le *checksum* de l'archive des sources de xz. Notons que ce fichier est optionnel, mais sa présence fortement recommandée.

```
$ cat package/xz/xz.hash
# Locally calculated after checking pgp signature
sha256 fd9ca16de1052aac899ad3495ad20dfa906c27b4a5070102a2ec35ca3a4740c1
xz-5.2.3.tar.bz2
```

Outre ces trois fichiers, une entrée doit exister dans le fichier package/Config.in, soit la ligne :

```
source "package/xz/Config.in"
```

Dans le cas plus complexe d'une adaptation nécessaire pour la production dans Buildroot, le répertoire pourra contenir des fichiers .patch, qui seront appliqués suivant les instructions du fichier .mk en fonction des architectures.

```
$ ls -l package/lame/
total 32
-rw-rw-r-- 1 pierre pierre 2501 mai   24 09:26 0001-configure.patch
-rw-rw-r-- 1 pierre pierre 8986 mai   24 09:26 0002-gtk1-ac-directives.patch
-rw-rw-r-- 1 pierre pierre  760 mai   24 09:26 0003-msse.patch
-rw-rw-r-- 1 pierre pierre  138 mai   24 09:26 Config.in
-rw-rw-r-- 1 pierre pierre  113 mai   24 09:26 lame.hash
-rw-rw-r-- 1 pierre pierre  920 mai   24 09:27 lame.mk
```

La commande make help indique les différents buts utilisables pour le traitement des composants. Le but par défaut, make, produit l'ensemble des composants sélectionnés et met à jour le root-filesystem output/target et les images de la cible. Buildroot n'ayant pas la notion de paquet binaire, la commande make <pkg> installe également le composant sur le root-filesystem.

```
$ make help | grep pkg
  <pkg>                - Build and install <pkg> and all its dependencies
  <pkg>-source         - Only download the source files for <pkg>
  <pkg>-extract        - Extract <pkg> sources
  <pkg>-patch          - Apply patches to <pkg>
  <pkg>-depends        - Build <pkg>'s dependencies
  <pkg>-configure      - Build <pkg> up to the configure step
  <pkg>-build          - Build <pkg> up to the build step
  <pkg>-show-depends   - List packages on which <pkg> depends
```

```
<pkg>-show-rdepends    - List packages which have <pkg> as a dependency
<pkg>-graph-depends    - Generate a graph of <pkg>'s dependencies
<pkg>-graph-rdepends   - Generate a graph of <pkg>'s reverse dependencies
<pkg>-dirclean         - Remove <pkg> build directory
<pkg>-reconfigure      - Restart the build from the configure step
<pkg>-rebuild          - Restart the build from the build step
```

On ne répétera jamais assez que Buildroot (ou bien Yocto, ou tout autre outil équivalent) n'est pas un outil de développement, mais est destiné à *l'intégration* de composants fonctionnels. Une modification à la volée des sources dans output/build/<pkg> est hasardeuse, comme le prouve le test suivant. En effet, si l'on modifie un fichier source, le composant n'est pas modifié.

```
$ touch output/build/xz-5.2.3/src/xz/args.c
$ make xz
```

En revanche, le but xz-rebuild force la reconstruction du composant en supprimant au préalable les fichiers .stamp_* qui décrivent les étapes de la production :

```
$ make xz-rebuild
rm <path>/output/build/xz-5.2.3/.stamp_staging_installed
rm -f <path>/output/build/xz-5.2.3/.stamp_target_installed
rm -f <path>/output/build/xz-5.2.3/.stamp_images_installed
rm -f <path>/output/build/xz-5.2.3/.stamp_host_installed
rm -f <path>/output/build/xz-5.2.3/.stamp_built
>>> xz 5.2.3 Building
...
```

Choix des formats des images

Le menu *Filesystem images* permet de sélectionner le format des différentes images à produire dans output/images. La liste ci-après propose de nombreux formats pris en charge par le noyau Linux.

```
[ ] axfs root filesystem
[ ] cloop root filesystem for the target device
[ ] cpio the root filesystem (for use as an initial RAM filesystem)
[ ] cramfs root filesystem
[*] ext2/3/4 root filesystem
      ext2/3/4 variant (ext4)  --->
()    filesystem label
(0)   exact size in blocks (leave at 0 for auto calculation)
(0)   exact number of inodes (leave at 0 for auto calculation)
(0)   extra size in blocks
(0)   extra inodes
(0)   reserved blocks percentage
      Compression method (no compression)  --->
[ ] initial RAM filesystem linked into linux kernel
[ ] jffs2 root filesystem
[ ] romfs root filesystem
[ ] squashfs root filesystem
[ ] tar the root filesystem
[ ] ubifs root filesystem
[ ] yaffs2 root filesystem
```

Sélection des formats des images

Dans le cas de la Pi 3, on utilise le format EXT2/3/4 standard, car la micro-SD est vue comme un disque dur. D'autres formats, comme JFFS2, UBIFS, SQUASHFS ou YAFFS2, sont disponibles pour des cibles utilisant de véritables mémoires flash. En cas de sélection d'un format spécial (comme JFFS2 ou UBIFS), Buildroot produira automatiquement les outils pour créer et manipuler l'image avec le format correspondant.

Plus utile, on pourra produire une image du root-filesystem au format TAR, ce qui permet l'utilisation de NFS-Root dont la mise en place est très simple. En premier lieu, on crée le root-filesystem sur le poste de développement :

```
$ mkdir <path>/rootfs_rpi3
$ sudo tar -C <path>/rootfs_rpi3 output/images/rootfs.tar.gz
```

On ajoute ensuite le chemin d'accès au fichier /etc/exports :

```
<path>/rootfs_rpi3    *(rw,no_root_squash,no_all_squash,sync)
```

Enfin, on indique au serveur NFS la mise à jour du ficher /etc/exports :

```
$ sudo exporfs -a
```

Du côté de la Raspberry Pi 3, on modifie le fichier cmdline.txt présent sur la partition VFAT, pour indiquer que l'on utilise NFS-Root :

```
console=tty1 console=ttyAMA0,115200 root=/dev/nfs rootfstype=nfs
nfsroot=192.168.3.1:<path>/rootfs_rpi3 rw ip=dhcp
```

Lorsque la carte démarre, on peut visualiser le nouveau type du root-filesystem par la commande mount. Il est bien entendu nécessaire de disposer d'un serveur DHCP sur le réseau :

```
# mount
192.168.3.1:<path>/rootfs_rpi3 on / type nfs (rw,relatime,vers=2,rsize=4096,
wsize=4096,namlen=255,hard,nolock,proto=udp,timeo=11,retrans=3,sec=sys,
mountaddr=192.168.3.1,mountvers=1,mountproto=udp,local_
lock=all,addr=192.168.3.1)
```

Buildroot permet également de traiter le format INITRAMFS grâce à l'option *cpio the root filesystem (for use as an initial RAM filesystem)*.

Choix du bootloader

Dans notre cas, nous pouvons remarquer que le menu *Bootloaders* est exempt de toute configuration, car la Raspberry Pi 3 n'en utilise pas par défaut. Si nous sélectionnons l'option *U-Boot*, il faut ensuite saisir plusieurs paramètres, le nom de la carte étant le minimum requis. D'autres paramètres ont été évoqués dans le chapitre dédié aux bootloaders. L'écran suivant indique que l'on pourrait construire U-Boot pour la Raspberry Pi 3, car elle est désormais une cible prise en compte par la version officielle.

```
[ ] afboot-stm32
[ ] Barebox
[ ] mxs-bootlets
[ ] s500-bootloader
[*] U-Boot
      Build system (Legacy)  --->
(rpi_3_32b) U-Boot board name
      U-Boot Version (2017.03)  --->
()    Custom U-Boot patches (NEW)
[ ]   U-Boot needs dtc (NEW)
[ ]   U-Boot needs OpenSSL (NEW)
      U-Boot binary format  --->
[ ]   produce a .ift signed image (OMAP) (NEW)
[ ]   Install U-Boot SPL binary image (NEW)
[ ]   Environment image (NEW)  ----
```

Sélection du bootloader

Il suffit ensuite de copier le fichier u-boot.bin sur la partition VFAT et d'ajouter la ligne kernel=u-boot.bin au fichier config.txt.

Construction d'utilitaires

Le menu *Host utilities* sert à construire simplement divers utilitaires à l'aide de Builroot. Certains le sont automatiquement par dépendance, comme la commande genext2fs qui produit une image de root-filesystem au format EXT2/3/4, ce format étant utilisé par la micro-SD de la Raspberry Pi 3.

Traitement des options obsolètes

Le menu *Legacy config options* permet de détecter les options obsolètes d'un fichier de configuration provenant d'une ancienne version de Buildroot. Plutôt que d'ignorer ces options, Buildroot indique à l'utilisateur celles qu'il doit désactiver manuellement.

Ajout de paquets et configuration externe

Une recette décrit la manière de produire un composant utilisable dans l'environnement de la cible. Dans le cas de Buildroot, elle se compose au minimum de trois fichiers (Config.in, .mk et .hash) dans un sous-répertoire de package portant le nom du composant. Dans certains cas – par exemple, pour une bibliothèque – le composant sera également installé dans l'environnement de développement (on parle de *staging directory* dans le cas de Buildroot), et ce afin de pouvoir compiler des applications.

Exemples de recettes simples

Nous avons vu dans un précédent chapitre qu'une application se compilait à partir des sources par différentes méthodes, les trois principales étant :

- l'outil Autotools ;
- l'outil CMake ;
- un fichier Makefile (cette méthode étant obsolète dans la plupart des cas).

Bien entendu, cette liste n'est pas totalement exhaustive et nous pouvons également citer les applications Qt utilisant l'outil qmake. Ces trois méthodes ayant déjà été décrites, nous allons nous focaliser sur la création des recettes de type « Hello World » pour Buildroot. Nous reviendrons plus tard sur des exemples et options de configuration plus avancés.

Exemple basé sur Autotools

Dans le cas d'un paquet simple utilisant Autotools – cas le plus fréquent – le répertoire contient les fichiers suivants :

```
hello_autotools/
├ Config.in
├ hello_autotools.hash
└ hello_autotools.mk
```

Le fichier .mk est simplifié, car la tâche liée à la compilation croisée est réalisée par Autotools. Les variables du fichier .mk sont préfixées par le nom de paquet, soit HELLO_ AUTOTOOLS_ dans notre cas. Le fichier .mk définit au minimum :

- comment et où télécharger les sources ;
- comment compiler ces sources et installer les binaires pour la cible choisie.

Dans notre exemple, la variable HELLO_AUTOTOOLS_SOURCE définit le nom de l'archive et HELLO_AUTOTOOLS_SITE l'URL d'accès au dépôt :

```
HELLO_AUTOTOOLS_SOURCE = hello_autotools.tar.gz
HELLO_AUTOTOOLS_SITE = http://pficheux.free.fr/pub/tmp
```

La variable HELLO_AUTOTOOLS_AUTORECONF indique que l'on doit exécuter la commande autoreconf afin de créer le script configure, même si ce script est parfois directement fourni avec les sources du composant :

```
HELLO_AUTOTOOLS_AUTORECONF = YES
```

Enfin, la macro autotools-package – définie dans package/pkg-autotools.mk – produit la suite de commandes vues lors de l'étude de l'outil Autotools :

```
$(eval $(autotools-package))
```

Le fichier Config.in définit l'interface de configuration, soit un simple booléen dans ce cas. La variable BR2_PACKAGE_HELLO_AUTOTOOLS – définie dans le fichier .config – indiquera si le paquet est sélectionné ou non :

```
config BR2_PACKAGE_HELLO_AUTOTOOLS
   bool "Autotools example"
   help
     Hello world Autotools package
```

Exemple basé sur CMake

L'exemple basé sur CMake est identique au nom de la macro près – définie dans package/pkg-cmake.mk – car CMake prend également en charge la compilation croisée :

```
HELLO_CMAKE_SOURCE = hello_cmake.tar.gz
HELLO_CMAKE_SITE = http://pficheux.free.fr/pub/tmp

$(eval $(cmake-package))
```

Le fichier Config.in contient :

```
config BR2_PACKAGE_HELLO_CMAKE
   bool "CMake example"
   help
     Hello world CMake package
```

Exemple basé sur un fichier Makefile

La recette basée sur un fichier Makefile est plus complexe, car on doit définir certaines tâches à exécuter par Buildroot (build, install), sachant que le contenu du Makefile de l'application n'est pas standardisé. Le début du fichier n'est pas modifié :

```
HELLO_GENERIC_SOURCE = hello_generic.tar.gz
HELLO_GENERIC_SITE = http://pficheux.free.fr/pub/tmp
```

On doit cependant définir les deux macros correspondant aux étapes évoquées. La variable @D correspond au répertoire dans lequel les sources du composant sont extraites :

```
define HELLO_GENERIC_BUILD_CMDS
   $(TARGET_CONFIGURE_OPTS) $(MAKE) -C $(@D)
endef

define HELLO_GENERIC_INSTALL_TARGET_CMDS
   $(TARGET_CONFIGURE_OPTS) $(MAKE) -C $(@D)
DESTDIR="$(TARGET_DIR)" install
endef
```

La macro utilisée est définie dans package/pkg-generic.mk :

```
$(eval $(generic-package))
```

Le fichier Config.in contient :

```
config BR2_PACKAGE_HELLO_GENERIC
   bool "Generic Makefile example"
   help
     Hello world generic package
```

REMARQUE

La syntaxe des recettes (.mk et Config.in) peut désormais être vérifiée par le script support/scripts/check-package. Ce script prend en compte les conseils prodigués dans la documentation de Buildroot et existe depuis la version 2017.05. Un article sur la QA *(Quality Assurance)* dans Buildroot est disponible à l'adresse http://free-electrons.com/blog/recent-improvements-in-buildroot-qa.

Ajout des recettes à Buildroot

Afin que Buildroot prenne en compte de nouvelles recettes, nous ajoutons les répertoires `hello_autools`, `hello_cmake` et `hello_generic` à son répertoire package, puis nous modifions le fichier `package/Config.in` afin d'ajouter les lignes suivantes dans une des catégories, par exemple *Miscellaneous*. À partir de là, les trois nouveaux paquets sont visibles lors de l'utilisation de `make menuconfig`.

```
menu "Miscellaneous"
    ...
  source "package/hello_auto/Config.in"
  source "package/hello_cmake/Config.in"
  source "package/hello_generic/Config.in"
endmenu
```

Cette procédure est utile lorsque l'on ajoute des paquets à la version officielle de Buildroot, après discussion avec la communauté de développement.

Mise en place d'une arborescence br2-external

Dans la plupart des autres cas, il est plus intéressant de définir les paquets comme *externes*, car ils ne font pas partie des sources de Buildroot. Nous utiliserons pour cela la variable `BR2_EXTERNAL` déjà citée ; nous allons voir que cette méthode va plus loin que le simple ajout de paquets.

Outre un répertoire package contenant les composants eux-mêmes, la définition d'une arborescence externe nécessite trois fichiers dans le répertoire correspondant au composant externe :

- `external.desc` pour décrire l'arborescence par une chaîne de caractères ;
- `external.mk` qui produit la liste des `.mk` en utilisant une expression régulière et la chaîne précédente ;
- `Config.in` qui contient la liste des références aux fichiers `Config.in` des paquets ajoutés.

Si nous considérons le répertoire externe `<path>/ext_demo`, l'arborescence est donc la suivante :

```
ext_demo/
 ⊢ Config.in
 ⊢ external.desc
 ⊢ external.mk
 ⌞ package
   ⊢ hello_autotools
   ⊦ ⊢ Config.in
```

```
|  ├ hello_autotools.hash
|  └ hello_autotools.mk
├ hello_cmake
|  ├ Config.in
|  ├ hello_cmake.hash
|  └ hello_cmake.mk
└ hello_generic
   ├ Config.in
   ├ hello_generic.hash
   └ hello_generic.mk
```

Les trois fichiers définissant l'arborescence contiennent les lignes ci-après. On remarque l'utilisation de la variable BR2_EXTERNAL_**DEMO**_PATH dépendant de l'identifiant de l'arborescence défini dans external.desc :

```
$ cat ext_demo/external.desc
name: DEMO

$ cat ext_demo/Config.in
source "$BR2_EXTERNAL_DEMO_PATH/package/hello_autotools/Config.in"
source "$BR2_EXTERNAL_DEMO_PATH/package/hello_cmake/Config.in"
source "$BR2_EXTERNAL_DEMO_PATH/package/hello_generic/Config.in"

$ cat ext_demo/external.mk
include $(sort $(wildcard $(BR2_EXTERNAL_DEMO_PATH)/package/*/*.mk))
```

Pour ajouter ces paquets à Buildroot, on doit tout d'abord utiliser la ligne de commande suivante afin de les sélectionner :

```
$ make BR2_EXTERNAL=<path>/ext_demo menuconfig
```

Un nouveau menu *External options* apparaît en dernière position de l'écran principal de configuration. Si l'on entre dans ce menu, on obtient la fenêtre de sélection des paquets externes et l'on peut alors activer les trois nouveaux paquets.

```
*** DEMO (in /home/pierre/docs/le5/exemples/BR/ext_demo) ***
[*] Autotools example
[*] CMake example
[*] Generic Makefile example
```

Sélection des paquets externes

REMARQUE

On peut faire référence à plusieurs arborescences externes en séparant les chemins d'accès au moyen du caractère deux-points, soit via la commande make BR2_EXTERNAL=<path-1>:<path-2> menuconfig.

À partir de là, les paquets sont traités de la même manière que les paquets internes, et toutes les commandes make `<pkg->-*` sont accessibles. Après une première configuration, la référence à la variable `BR2_EXTERNAL` dans la ligne de commande n'est plus nécessaire, car les paramètres sont sauvegardés dans le fichier `output/.br2-external`.

```
$ cat output/.br-external.mk
#
# Automatically generated file; DO NOT EDIT.
#

BR2_EXTERNAL ?= <path>/ext_demo
BR2_EXTERNAL_NAMES =
BR2_EXTERNAL_DIRS =
BR2_EXTERNAL_MKS =

BR2_EXTERNAL_NAMES += DEMO
BR2_EXTERNAL_DIRS += <path>/ext_demo
BR2_EXTERNAL_MKS += <path>/ext_demo/external.mk
export BR2_EXTERNAL_DEMO_PATH = <path>/ext_demo
export BR2_EXTERNAL_DEMO_DESC = DEMO
```

La même méthode permet d'externaliser d'autres éléments liés à un projet (et non plus seulement à une cible) :

- répertoire patches pour les fichiers `.patch` ;
- arborescence board similaire à celle utilisée dans Buildroot, soit board/`<company>`/`<board-name>` pour définir par exemple des overlays ou des fichiers de configuration pour le noyau ou BusyBox ;
- répertoire configs pour sauvegarder des configurations _defconfig.

Si le répertoire `<path>/ext_demo/patches` contient un patch pour le paquet hello_generic, il sera automatiquement appliqué lors de la construction. Le patch modifie simplement le message affiché :

```
$ cat ext_demo/patches/hello_generic/hello.patch
diff -ruN hello_generic/hello_generic.c /tmp/hello_generic/hello_generic.c
--- hello_generic/hello_generic.c   2016-12-21 17:23:15.452633481 +0100
+++ /tmp/hello_generic/hello_generic.c      2016-12-22 11:07:47.141525388 +0100
@@ -4,7 +4,7 @@

 int main(int argc, char* argv[])
 {
-    printf("Hello, world! (Generic)\n");
+    printf("Hello, world! (Generic + patched)\n");

     return 0;
 }
```

Pour prendre en compte les patchs, on doit renseigner l'option *global patch directories* dans le menu *Build options*. On remarque que l'on doit faire référence à la variable BR2_ EXTERNAL_DEMO_PATH. Si l'on produit le paquet par la commande make hello_generic, on constate que le code source a bien été modifié par le patch :

```
$ cat output/build/hello_generic/hello_generic.c
/* hello.c: A standard "Hello, world!" program */

#include <stdio.h>

int main(int argc, char* argv[])
{
    printf("Hello, world! (Generic + patched)\n");
    return 0;
}
```

```
      ($(CONFIG_DIR)/local.mk) location of a package override file
      ($(BR2_EXTERNAL_DEMO_PATH)/patches) global patch directories
            Advanced   --->
```

Ajout du répertoire de « patch »

Si l'on désire utiliser un répertoire *overlay* externe, il suffit de renseigner l'option *System configuration>Root filesystem overlay directories* en affectant la valeur $(BR2_ EXTERNAL_DEMO_PATH)/board/raspberrypi3/my_overlay. À cet overlay, nous avons ajouté un répertoire /data :

```
$ tree ext_demo/board/raspberrypi3/my_overlay/
ext_demo/board/raspberrypi3/my_overlay/
├ boot
├ data
│ └my_data.txt
└ etc
  └fstab
```

Après construction de la distribution par make, on retrouve le répertoire dans output/ target :

```
$ make
...
$ cat output/target/data/my_data.txt
My project data
```

Toute la configuration peut être sauvegardée dans un fichier raspberrypi3_le5_ defconfig externe à l'arborescence Buildroot. Pour cela, il suffit de modifier l'option suivante dans le menu *Build options*. Le chemin d'accès dépend bien évidemment de la variable BR2_EXTERNAL_DEMO_PATH.

```
    Commands  --->
($(BR2_EXTERNAL_DEMO_PATH)/configs/raspberrypi3_le5_defconfig) Location to save buildroot config
($(TOPDIR)/dl) Download dir
($(BASE_DIR)/host) Host dir
```

Définition d'un fichier de configuration externe

La commande make savedefconfig crée le fichier ext_demo/configs/raspberrypi5_le5_defconfig. On peut vérifier les configurations disponibles par la commande make list-defconfigs. On visualise les fichiers de configuration fournis par Buildroot, ainsi que celui ajouté par le répertoire externe :

```
$ ls -l <path>/ext_demo/configs
total 4
-rw-r--r-- 1 pierre pierre 1067 mai   29 15:54 raspberrypi3_le5_defconfig
$ make list-defconfigs
Built-in configs:
...
External configs in "DEMO":
  raspberrypi3_le5_defconfig            - Build for raspberrypi3_le5
```

Autres options « avancées »

Les recettes décrites précédemment sont particulièrement simples. Nous allons maintenant voir quelques options plus avancées.

Contrairement à notre exemple, le paquet est le plus souvent identifié par une version, et l'on indique également la licence utilisée (qui sera extraite par make legal-info) :

```
BUSYBOX_VERSION = 1.26.2
BUSYBOX_SITE = http://www.busybox.net/downloads
BUSYBOX_SOURCE = busybox-$(BUSYBOX_VERSION).tar.bz2
BUSYBOX_LICENSE = GPL-2.0
BUSYBOX_LICENSE_FILES = LICENSE
```

Pour la plupart, les recettes ont des dépendances avec d'autres recettes (d'où l'intérêt d'utiliser tel outil). Nous pouvons donner l'exemple d'un module noyau de test, dont le seul intérêt est de créer une entrée /proc/hello :

```
$ cat /proc/hello
Hello World
```

La compilation d'un module nécessitant la présence des sources du noyau, le fichier .mk contient les lignes suivantes, pour lesquelles on remarque la variable HELLO_PROC_DEPENDENCIES :

```
HELLO_PROC_SOURCE = hello_proc.tar.gz
HELLO_PROC_SITE = http://pficheux.free.fr/pub/tmp

HELLO_PROC_DEPENDENCIES = linux

$(eval $(kernel-module))
$(eval $(generic-package))
```

Nous remarquons également une nouvelle macro kernel-module, utilisée conjointement avec generic-package. En effet, la procédure de compilation d'un module est spécifique et n'utilise pas Autotools ou CMake.

Certains paquets – comme les bibliothèques – doivent être installés sur la cible, mais également dans l'environnement de développement (sur l'hôte ou *host*). D'autres seront uniquement installés sur l'hôte lorsqu'il s'agit d'outils internes à Buildroot. Dans ces cas de figure, d'autres macros seront utilisées, comme host-generic-package, host-autotools-package ou host-cmake-package. Nous pouvons tout d'abord donner l'exemple de la recette dans package/libusb-compat, accessible grâce au menu *Target packages>Libraries>Hardware handling* :

```
LIBUSB_COMPAT_VERSION_MAJOR = 0.1
LIBUSB_COMPAT_VERSION = $(LIBUSB_COMPAT_VERSION_MAJOR).5
LIBUSB_COMPAT_SOURCE = libusb-compat-$(LIBUSB_COMPAT_VERSION).tar.bz2
LIBUSB_COMPAT_SITE = http://downloads.sourceforge.net/
project/libusb/libusb-compat-$(LIBUSB_COMPAT_VERSION_MAJOR)/
libusb-compat-$(LIBUSB_COMPAT_VERSION)
LIBUSB_COMPAT_DEPENDENCIES = host-pkgconf libusb
HOST_LIBUSB_COMPAT_DEPENDENCIES = host-pkgconf host-libusb
LIBUSB_COMPAT_INSTALL_STAGING = YES
LIBUSB_COMPAT_CONFIG_SCRIPTS = libusb-config
LIBUSB_COMPAT_LICENSE = LGPLv2.1+
LIBUSB_COMPAT_LICENSE_FILES = COPYING

$(eval $(autotools-package))
$(eval $(host-autotools-package))
```

Nous notons la définition des dépendances dans LIBUSB_COMPAT_DEPENDENCIES.

Nous utilisons une nouvelle variable LIBUSB_INSTALL_STAGING qui, puisqu'elle vaut YES, indique que la bibliothèque sera installée dans un sous-répertoire de output/staging contenant les éléments de la chaîne de compilation croisée. La bibliothèque est également installée sur la cible (output/target), car la variable LIBUSB_INSTALL_TARGET vaut YES par défaut. Enfin, la macro host-autotools-package produit la suite des commandes nécessaires à la compilation. Des macros similaires existent pour les autres types de paquets, soit host-generic-package et host-cmake-package.

Le fichier Config.in est également affecté par la dépendance. Dans ce cas, l'option de sélection *libusb-compat* apparaîtra seulement si l'option *libusb* est activée :

```
config BR2_PACKAGE_LIBUSB_COMPAT
        bool "libusb-compat"
        depends on BR2_PACKAGE_LIBUSB
...
```

La syntaxe depends on est conseillée lorsque l'utilisateur doit être informé de la règle de dépendance pour l'activer volontairement. Une règle peut également être « implicite » (si sa compréhension est plus obscure). Dans ce cas, Buildroot pourra assurer la dépendance de manière transparente si la directive select est utilisée. En général, une recette complexe utilise les deux syntaxes, comme le fichier package/qt/qt.mk :

```
comment "Qt standard (X11) not available (need X.org)"
        depends on !BR2_PACKAGE_XORG7

config BR2_PACKAGE_QT_X11
        bool "Qt standard (X11)"
        depends on BR2_PACKAGE_XORG7
        depends on !BR2_TOOLCHAIN_HAS_BINUTILS_BUG_19405
        select BR2_PACKAGE_FONTCONFIG
        select BR2_PACKAGE_XLIB_LIBXI
...
```

Cet exemple utilise également la directive comment, qui aide l'utilisateur par un message en cas d'option inaccessible (ici parce que la dépendance X11R7 n'est pas satisfaite).

Pour terminer, nous pouvons citer l'utilisation des *hooks* pour exécuter des tâches avant ou après une tâche donnée. Voici l'exemple de la recette flex/flex.mk :

```
define FLEX_DISABLE_PROGRAM
        $(SED) 's/^bin_PROGRAMS.*//' $(@D)/Makefile.in
endef
FLEX_POST_PATCH_HOOKS += FLEX_DISABLE_PROGRAM

# flex++ symlink is broken when flex binary is not installed
define FLEX_REMOVE_BROKEN_SYMLINK
        rm -f $(TARGET_DIR)/usr/bin/flex++
endef
FLEX_POST_INSTALL_TARGET_HOOKS += FLEX_REMOVE_BROKEN_SYMLINK
```

Commandes et outils divers

Nous allons enfin décrire un certain nombre d'outils proposés par Buildroot. La commande make `linux-menuconfig` donne accès à la configuration du noyau depuis Buildroot. La commande make `linux-savedefconfig` exécute le but savedefconfig pour le noyau choisi. Enfin, la commande make `linux-update-defconfig` enregistre la configuration courante du noyau dans le fichier défini par la variable BR2_LINUX_ KERNEL_CUSTOM_CONFIG_FILE accessible dans le menu *Kernel>Kernel configuration*. De même, la commande make `busybox-menuconfig` donne accès à la configuration de BusyBox.

La commande make `source` télécharge les sources nécessaires à la construction de la distribution (ce qui permet ensuite de compiler hors ligne). Nous rappelons que les sources sont placées par défaut dans le sous-répertoire dl. La commande make `legal-info` extrait les informations concernant les licences des composants et les place dans output/legal-info.

Buildroot est également capable de produire des graphes en se basant sur l'utilitaire Graphviz. La commande make `<pkg>-graph-depends` produit un graphe des dépendances pour le paquet <pkg>. Si ce dernier n'est pas précisé, le graphe concerne tous les composants de la distribution.

```
$ make graph-depend
$ ls -1 output/graphs/graph-depends.*
output/graphs/graph-depends.dot
output/graphs/graph-depends.pdf
```

On peut produire un format différent du PDF avec la variable BR2_GRAPH_OUT :

```
$ BR2_GRAPH_OUT=png make graph-depends
```

Il est également possible de produire des graphes concernant la durée de production des composants (sous forme d'historique ou de camembert) :

```
$ BR2_GRAPH_OUT=png make graph-build
$ ls -1 output/graphs/build.*
output/graphs/build.hist-build.png
output/graphs/build.hist-duration.png
output/graphs/build.hist-name.png
output/graphs/build.pie-packages.png
output/graphs/build.pie-steps.png
```

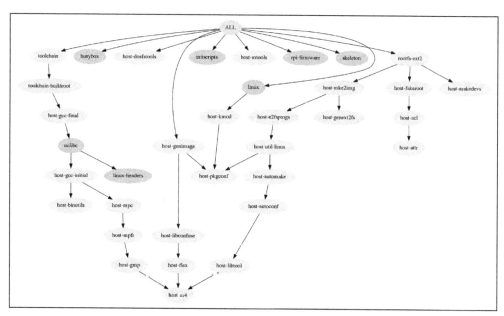

Graphe des dépendances de la distribution

Buildroot dispose également d'outils pour mettre en place une démarche d'intégration continue (CI). Citons l'outil test-pkg pour tester un paquet ajouté avec la même configuration que l'infrastructure *autobuild* utilisée pour le développement du projet (voir http://autobuild.buildroot.org).

Conclusion

Dans ce chapitre, nous avons pu faire un large tour d'horizon de l'outil Buildroot qui, malgré des moyens financiers modestes, reste de très bonne qualité et surtout très simple à aborder pour qui maîtrise le format GNU Make. La communauté Buildroot est constituée de spécialistes aguerris, et l'outil est largement compatible avec des contraintes industrielles. Buildroot est également un bon prérequis à l'utilisation de Yocto, dont la prise en main est beaucoup plus ardue. De plus, la construction de la distribution avec Buildroot est *nettement* plus rapide qu'avec Yocto.

Points clés

- La prise en main de Buildroot est simple.
- Buildroot construit un *firmware* Linux (statique) plus qu'une distribution (pas de gestionnaire de paquets installé sur la cible).
- Buildroot offre la possibilité d'externaliser des configurations spéciales en utilisant la technique *br2-external*.

Exercices

Exercice 1 (*)

Configurez Buildroot afin de créer une image INITRAMFS que l'on testera sur la Raspberry Pi 3 en modifiant le fichier config.txt.

Exercice 2 (**)

Ajoutez au fichier /etc/os-release la date de création de la distribution. La ligne ajoutée aura la syntaxe suivante :

```
DATE="jeudi 1 juin 2017, 10:31:32 (UTC+0200)"
```

6

Utiliser Yocto

À présent que nous sommes armés de quelques connaissances suite à l'étude de Buildroot, nous sommes prêts à attaquer Yocto qui, disons-le, est d'un abord – beaucoup – plus complexe, même s'il offre plus de possibilités. Yocto est basé sur deux composants : OpenEmbedded (OE) et BitBake. Pour des raisons pratiques, nous utiliserons de manière abusive le terme « Yocto » (qui concerne le projet chapeau créé en 2010), alors que les tâches sont réalisées par BitBake et les données de base – les recettes – fournies en grande partie par OE. Le but de ce chapitre est d'expliquer Yocto sur la base d'exemples très simples, et donc d'aborder plus sereinement la documentation officielle, certes volumineuse – près de 400 pages – mais d'excellente qualité.

Historique et introduction

Avant d'évoquer le projet Yocto, il convient de rappeler l'historique d'OE, que l'on peut considérer comme un « framework de compilation croisée ». OE est un ensemble de *métadonnées* composé de fichiers de configuration, de *classes* et de *recettes* décrivant les tâches à effectuer pour construire les paquets et images binaires, ainsi que leurs dépendances. BitBake – correspondant à la commande bitbake – est l'outil de construction dérivé de *Portage*, le gestionnaire de paquets de la distribution Gentoo. BitBake est écrit en Python et fut initialement intégré à OE avant d'être séparé en un projet indépendant. Le projet OE fut démarré en 2003 par Chris Larson, Michael Lauer et Holger Schuring dans le cadre du projet OpenZaurus, dont le but était de remplacer la distribution officielle fournie par SHARP avec Zaurus qui – sorti en 2001 – fut le premier PDA sous Linux.

Le Zaurus de SHARP

L'ensemble fut créé suite à des manques constatés sur les fonctionnalités de Buildroot (n'oublions pas que nous étions en 2003, soit bien avant les versions officielles de l'outil). En 2010, ces deux projets – et d'autres – furent rassemblés au sein d'un projet nommé Yocto. Intel en fut à l'origine, mais de nombreuses organisations majeures dans le domaine de l'embarqué sont désormais membres de Yocto (voir https://www.yoctoproject.org/ecosystem). Yocto est également un projet officiel de la fondation Linux (voir https://www.yoctoproject.org/about/linux-foundation).

> **REMARQUE**
>
> Yocto (symbole y) est le préfixe du système international qui représente 10^{-24} fois une unité (soit un *quatrillionième*). Adopté en 1991, il vient du grec ὀκτώ (huit), car égal à $(10^{-3})^8$.

Les principes de fonctionnement de Yocto sont similaires à ceux de Buildroot, mis à part que le premier est beaucoup plus avancé sur de nombreux concepts.

- Yocto permet de créer des paquets binaires comme dans une distribution classique. Les formats pris en compte sont RPM (par défaut), DEB et IPK.
- Yocto utilise la notion de *layer* (ou « couche » en français). Une couche peut ajouter le support d'un matériel donné (BSP), mais également des composants logiciels. Les couches sont représentées par des métadonnées rassemblées dans des répertoires (`meta-raspberrypi/`, `meta-qt/`, `meta-ivi/`, etc.) correspondant chacun à une couche.
- Yocto fournit un environnement initial très léger (basé sur OE) qui permet de produire une distribution pour quelques cibles de référence (souvent émulées par QEMU). Le support de matériel réel est disponible à l'extérieur du projet, sous forme de couches comme *meta-raspberrypi* ou *meta-fsl-arm*.

- Grâce à BitBake, Yocto est capable de paralléliser les actions. Il peut télécharger les sources d'un composant A, tout en compilant le composant B et en installant le composant C.
- Yocto permet d'utiliser plusieurs environnements de compilation (pour plusieurs cibles) dans le même répertoire de travail, ce qui n'est pas possible avec Buildroot (il faut faire un `make clean` avant de charger une nouvelle configuration).

Pour toutes ces raisons, de nombreux constructeurs de matériel (Intel, Freescale/NXP, TI, Broadcom) sont membres de la communauté Yocto, et la connaissance de cet outil est très souvent nécessaire pour la production d'un système, car le support du matériel est fourni sous la forme de métadonnées Yocto. Le moteur de Yocto (BitBake) est écrit en Python, ainsi que la quasi-totalité du système. Cependant, une connaissance approfondie de ce langage n'est pas absolument nécessaire pour l'utilisation normale de Yocto.

Yocto ne dispose pas d'outil de configuration similaire à `make menuconfig` et le paramétrage s'effectue dans des fichiers. Il existe cependant un outil web nommé *Toaster* (voir https://www.yoctoproject.org/tools-resources/projects/toaster). Cet outil est destiné à des manipulations simples, mais ne peut en aucun cas refléter la puissance de Yocto, les configurations avancées étant réalisables uniquement grâce aux fichiers de configuration (`.conf` entre autres). Toaster ne sera donc pas évoqué dans ce chapitre.

Premier test sur QEMU/x86 et Raspberry Pi 3

Nous allons réaliser avec Yocto le même test qu'avec Buildroot, soit produire une image de distribution pour Raspberry Pi 3. Avant cela, nous allons produire une image utilisable dans l'émulateur QEMU/x86 (soit la cible Yocto par défaut nommée *qemux86*), car l'ajout d'une nouvelle couche comme *meta-raspberrypi* nécessite quelques explications. Avant toute manipulation, il est nécessaire d'installer un certain nombre de paquets sur le poste de développement, soit dans le cas d'Ubuntu ou Debian :

```
$ sudo apt-get install gawk wget git-core diffstat unzip texinfo gcc-multilib
build-essential chrpath socat cpio python python3 python3-pip python3-pexpect
libsdl1.2-dev xterm
```

Il est bien entendu possible d'utiliser d'autres distributions. Fedora, OpenSuSE et CentOS sont référencées par le projet Yocto, mais d'autres choix plus exotiques sont possibles.

Nous choisissons la version 2.2.2 de Yocto, nommée *Morty*. On doit tout d'abord obtenir les sources par la commande suivante, qui crée le répertoire poky.

```
$ git clone -b morty git://git.yoctoproject.org/poky.git
```

REMARQUE

Le choix de la version de Yocto à utiliser dépend également de la cible, car de nombreux BSP ne sont pas forcément compatibles avec les versions les plus récentes. Des modules récents basés sur i.MX6 fournissent un support Yocto basé sur la version 2.1 (Krogoth), 2.0 (Jethro), voire 1.8 (Fido). Le cas de la Raspberry Pi est un peu particulier, car cette carte est très populaire et le support Yocto parfaitement à jour !

On peut alors se positionner dans poky et créer un répertoire de travail que nous nommerons qemux86-build. La commande nous place directement dans le répertoire, où nous créons alors l'image minimale avec la commande bitbake pour produire l'image *core-image-minimal* correspondant à la configuration la plus simple.

REMARQUE

Dans la terminologie Yocto, il y a une différence notoire entre « distribution » ou « distro » – comme *Poky* – et « image » – comme *core-image-minimal*. Le deuxième terme correspond simplement à une recette core-image-minimal.bb. Le premier terme – lié à la valeur de la variable DISTRO qui, par défaut, est égale à poky – sera détaillé plus tard dans ce chapitre.

```
$ cd poky
$ source oe-init-build-env qemux86-build
...
### Shell environment set up for builds. ###

You can now run 'bitbake <target>'

Common targets are:
    core-image-minimal
    core-image-sato
    meta-toolchain
    meta-ide-support

You can also run generated qemu images with a command like 'runqemu qemux86'

$ bitbake core-image-minimal
```

REMARQUE

La commande UNIX source exécute un script dans l'environnement du shell *courant*, et non d'un shell *fils*, ce qui permet d'affecter des variables d'environnement dans ce shell courant. L'utilisation de la commande source est donc indispensable dans notre cas.

L'exécution de la commande bitbake conduit à un grand nombre d'actions, en premier lieu le calcul du nombre de tâches à exécuter (plus de 2 000) afin de produire l'image. Par défaut, Yocto construit la chaîne de compilation et il est difficile de passer outre (i.e. importer une chaîne binaire, comme nous l'avions fait pour Buildroot).

> **REMARQUE**
>
> On constate avec un certain étonnement que Yocto utilise le répertoire tmp pour stocker les fichiers produits, alors que Buildroot utilise plus logiquement un répertoire nommé output.

Contrairement à Buildroot, Yocto parallélise plusieurs actions (quatre dans notre cas, car notre système dispose de quatre cœurs).

```
$ bitbake core-image-minimal

Parsing recipes: 100% |######################################| Time:
0:00:53
Parsing of 864 .bb files complete (0 cached, 864 parsed). 1318 targets,
50 skipped, 0 masked, 0 errors.
NOTE: Resolving any missing task queue dependencies

Build Configuration:
BB_VERSION        = "1.32.0"
BUILD_SYS         = "x86_64-linux"
NATIVELSBSTRING   = "Ubuntu-14.04"
TARGET_SYS        = "i586-poky-linux"
MACHINE           = "qemux86"
DISTRO            = "poky"
DISTRO_VERSION    = "2.2.2"
TUNE_FEATURES     = "m32 i586"
TARGET_FPU        = ""
meta
meta-poky
meta-yocto-bsp    = "morty:924e576b8930fd2268d85f0b151e5f68a3c2afce"
...
Currently  4 running tasks (28 of 2048)   1% |
0: m4-native-1.4.17-r0 do_configure - 4s (pid 24868)
1: libtool-native-2.4.6-r0 do_fetch (pid 24870)   28% |#### | 37.7K/s
2: automake-native-1.15-r0 do_fetch (pid 24869)   31% |#### | 27.3K/s
3: autoconf-native-2.69-r11 do_fetch (pid 24867)  82% |############
| 123K/s
```

Nous notons également que les sources des différents composants sont téléchargées dans le répertoire downloads. Après plusieurs dizaines de minutes d'attente (bien plus que pour Buildroot), on doit obtenir une image dans le répertoire tmp/deploy/images/qemux86. Comme indiqué lors de la création de l'environnement, on peut finalement tester l'image en utilisant la commande runqemu qemux86, ce qui conduit à l'affichage de l'écran suivant.

Test de l'image QEMU/x86

Le test sur une Raspberry Pi 3 (ou toute autre plate-forme que Yocto ne prend pas en charge par défaut) est très similaire, mais nécessite l'ajout de métadonnées, soit dans notre cas la couche *meta-raspberrypi*. On doit tout d'abord obtenir la couche correspondant à la Raspberry Pi 3 et se positionner sur la branche adéquate. On crée alors un répertoire de travail comme précédemment :

```
$ cd poky
$ git clone -b morty git://git.yoctoproject.org/meta-raspberrypi

$ source oe-init-build-env rpi3-build
```

Le répertoire rpi3-build/conf contient au départ deux fichiers importants, local.conf et bblayers.conf, qui sont produits automatiquement lors de la création du répertoire de travail (par la commande source). Dans le cas de la cible QEMU/x86, nous n'avions pas eu à modifier ces fichiers, car *qemux86* est la cible par défaut de Yocto (on parle de *machine* correspondant à la variable MACHINE).

Le premier fichier correspond à la configuration locale de l'environnement. Il sert à redéfinir les variables de BitBake, dont les valeurs initiales sont définies dans meta/ conf/bitbake.conf. Pour un premier test, on peut se limiter à affecter à MACHINE la valeur raspberrypi3 à la fin du fichier :

```
MACHINE = "raspberrypi3"
```

Cette valeur a du sens si l'on ajoute la couche concernant les cibles Raspberry Pi. La couche est déjà installée, mais il faut la déclarer :

```
$ bitbake-layers add-layer ../meta-raspberrypi
```

Suite à l'exécution de cette commande, le répertoire est ajouté à la liste des couches :

```
BBLAYERS ?= " \
  <path>/poky/meta \
  <path>/poky/meta-poky \
  <path>/poky/meta-yocto-bsp \
  <path>/poky/meta-raspberrypi \
  "
```

> **REMARQUE**
>
> Pour des raisons pratiques, nous avons placé la nouvelle couche dans le répertoire poky, mais elle peut être installée n'importe où dans l'arborescence du système.

On précise également dans le fichier local.conf les deux options suivantes :

```
INHERIT += "rm_work"
ENABLE_UART = "1"
```

La première limite l'espace utilisé par les fichiers temporaires (sources, traces, etc.) dans les répertoires tmp/work* que nous détaillerons plus tard. La deuxième est spécifique à la Raspberry Pi 3 et indique que l'on désire utiliser un UART pour une bonne vieille console !

À partir de là, on produit l'image en utilisant de nouveau la commande bitbake core-image-minimal. À l'issue de la compilation, une image de micro-SD de 56 Mo est produite dans tmp/deploy/images/raspberrypi3 :

```
$ ls -lLh tmp/deploy/images/raspberrypi3/core-image-minimal-raspberrypi3.
rpi-sdimg
-rw-r--r-- 1 pierre pierre 56M juin  16 00:44 mp/deploy/images/raspberrypi3/
core-image-minimal-raspberrypi3.rpi-sdimg
```

Comme avec Buildroot, on copie l'image sur la micro-SD grâce à la commande dd :

```
$ umount /dev/mmcblk0p*
$ sudo dd if=tmp/deploy/images/raspberrypi3/rpi-basic-image-raspberrypi3.
rpi-sdimg of=/dev/mmcblk0
```

On peut alors tester le démarrage de la Pi 3 et l'on obtient la trace suivante sur l'écran HDMI. La mesure de l'espace occupé par le root-filesystem indique que l'image produite est du même ordre de taille que dans le cas de Buildroot (quelques mégaoctets), ce qui est normal puisqu'elle est également basée sur BusyBox et n'inclut pas de système de gestion de paquets sur la cible :

```
[0.000000] Booting Linux on physical CPU 0x0
[0.000000] Initializing cgroup subsys cpuset
[0.000000] Initializing cgroup subsys cpu
[0.000000] Initializing cgroup subsys cpuacct
[0.000000] Linux version 4.4.50 (pierre@pierre-N24-25JU) (gcc version 6.2.0
(GCC)) #1 SMP Sat May 6 16:50:06 CEST 2017
[0.000000] CPU: ARMv7 Processor [410fd034] revision 4 (ARMv7), cr=10c5383d
...

Starting syslogd/klogd: done
Poky (Yocto Project Reference Distro) 2.2.2 raspberrypi3 /dev/ttyS0

raspberrypi3 login: root
root@raspberrypi3:~# df -h
Filesystem          Size       Used Available  Use% Mounted on
/dev/root           10.6M      5.5M      4.5M   55%  /
...

root@raspberrypi3:~# rpm
-sh: rpm: not found
```

REMARQUE

Dans le cas de l'utilisation d'un clavier USB, la configuration par défaut est bien entendu celle d'un clavier QWERTY. On charge facilement un nouveau fichier de configuration AZERTY en utilisant loadkeys. Ce point est abordé en fin de chapitre dans les sujets divers.

Fonctionnement et configuration

Comme nous l'avons fait pour Buildroot, nous allons détailler le fonctionnement de Yocto. La documentation est extrêmement détaillée, et le but de cette section est de dégager les éléments importants afin d'en faire un meilleur usage. La version complète (le *mega-manual*, près de 400 pages) est disponible sur http://www.yoctoproject.org/docs/2.2.2/ mega-manual/mega-manual.html. La figure suivante – extraite de la documentation – décrit le mécanisme global de Yocto, assez proche de celui de Buildroot.

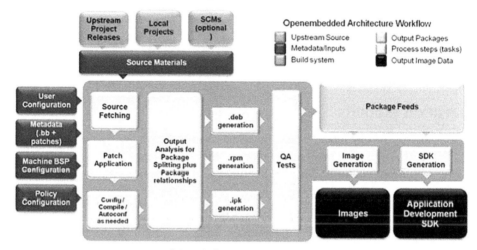

Schéma de fonctionnement de Yocto

La partie en haut à gauche correspond aux composants utilisés (externes ou internes). La principale configuration locale est représentée en bleu clair et l'on remarque que les paquets binaires RPM, DEB ou IPK sont systématiquement produits, même s'ils ne sont pas forcément installés sur la cible – comme dans le cas de l'image *core-image-minimal*. Le résultat (en bas à droite) correspond aux images du système, ainsi qu'au SDK, c'est-à-dire à l'environnement de développement produit (dont le compilateur), utilisé pour développer les applications. Comme nous l'avons dit dans l'introduction, l'utilisation « sérieuse » de Yocto est basée sur des fichiers de configuration qui appliquent une syntaxe propre à BitBake (nous la détaillerons un peu plus tard).

Description des layers

Nous avons rapidement évoqué la notion de layer (ou couche) lors des premiers tests. Ce point est fondamental, puisqu'il est à la base de l'architecture d'OE, qui est un ensemble de recettes utilisées par un « cuisinier » (BitBake). La figure suivante décrit l'empilage des couches en partant de la couche de base, soit *OpenEmbedded Core* (également nommée *oe-core*). La couche initiale *OE-Classic* (nommée également *oe-dev*) assurait – selon http://www.openembedded.org/wiki/OpenEmbedded-Core – le support de 300 cibles et 20 distributions. Cette approche centralisée n'était plus maintenable, et Yocto conserve désormais un nombre très limité de cibles, les autres couches étant fournies par des dépôts externes comme *meta-raspberrypi*.

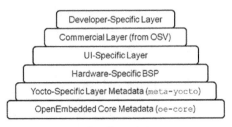

Les couches (layers) de Yocto

Répertoires produits

Lors de notre premier test, nous avons constaté que l'image était produite dans le répertoire `tmp/deploy/images/<nom-de-cible>`. Le répertoire `tmp` contient bien entendu de nombreux autres éléments, et nous allons décrire les principaux.

Fichiers à installer, installés ou installables

Le sous-répertoire `deploy` contient tous les éléments susceptibles d'être installés (i.e. *déployés*) sur la cible.

```
$ ls -l tmp/deploy/
total 20
drwxrwxr-x     3 pierre pierre  4096 juin  16 00:38 images
drwxrwxr-x   203 pierre pierre 12288 juin  17 09:43 licenses
drwxr-xr-x     5 pierre pierre  4096 juin  17 09:45 rpm
```

Le répertoire `images` contient, entre autres, le fichier image à installer (dans notre cas, un fichier `.rpi-sdimg`), dont le format varie bien entendu en fonction de la cible. Dans le cas d'une plate-forme i.MX6, le suffixe sera différent (soit `.sdcard.gz`) puisque le format de la micro-SD l'est également.

```
$ ls -l ~/Yocto/SolidRun/jethro/solidrun-imx6-
build/tmp/deploy/images/solidrun-imx6/core-image-minimal-
solidrun-imx6.sdcard.gz
lrwxrwxrwx 1 pierre pierre 64 juin   7 16:24
/home/pierre/Yocto/SolidRun/jethro/solidrun-imx6-
build/tmp/deploy/images/solidrun-imx6/core-image-minimal-
solidrun-imx6.sdcard.gz -> core-image-minimal-solidrun-imx6-
20170607142413.rootfs.sdcard.gz
```

On remarque également que le fichier correspond à un lien symbolique vers un fichier marqué par la date de construction. Cette règle s'applique aux autres fichiers du répertoire (noyau, autres images du root-filesystem, fichiers *device tree*). Les différentes images produites sont donc préservées dans ce répertoire et le lien symbolique correspond à la dernière version produite.

Le répertoire licenses contient les fichiers de licence de chaque composant de la distribution. La licence est extraite automatiquement lors de la production de chaque paquet. Cette information est fréquemment requise afin de vérifier le statut légal de la distribution utilisée (rappelons que, dans le cas de Buildroot, l'information est obtenue par make legal-info).

```
$ ls -l tmp/deploy/licenses/busybox/
total 48
-rw-rw-r--  4 pierre pierre   1895 juin   15 22:40  generic_bzip2
-rw-rw-r-- 71 pierre pierre  17611 juin   15 22:40  generic_GPLv2
-rw-r--r--  1 pierre pierre  18348 juil.  13 2015   LICENSE
-rw-rw-r--  1 pierre pierre     41 juin   15 23:16  recipeinfo
```

Le répertoire rpm correspond aux paquets binaires produits. Il est divisé en trois sous-répertoires :

```
$ ls -l tmp/deploy/rpm/
total 596
drwxr-xr-x 2 pierre pierre   4096 juin   15 23:24 all
drwxr-xr-x 2 pierre pierre 356352 juin   17 09:45 cortexa7hf_neon_vfpv4
drwxr-xr-x 2 pierre pierre 241664 juin   15 23:26 raspberrypi3
```

Le répertoire all correspond à des paquets pour des composants indépendants de l'architecture matérielle (scripts ou fichiers de données). Le dossier cortexa7hf_neon_vfpv4 contient des paquets liés à l'architecture matérielle (Cortex-A7), mais ne dépendant par directement de la cible (ici la Raspberry Pi 3). On peut considérer que cela correspond à des composants exécutés dans l'espace utilisateur *(user-space)*. Enfin, le répertoire raspberrypi3 contient des paquets propres à la cible, en général des modules du noyau, fichiers *device tree*, etc.

Répertoires de travail

Les répertoires work et work-shared correspondent aux espaces de travail pour la construction de chaque composant, soit les plus de 2 000 tâches constatées lors de la production de l'image Raspberry Pi 3. De ce fait, l'espace occupé peut être très important (plusieurs dizaines de gigaoctets), et nous l'avons limité en précisant l'option INHERIT += "rm_work" dans le fichier local.conf. L'espace reste donc raisonnable, mais supérieur cependant à celui occupé par les composants du répertoire deploy.

```
$ du -sh tmp/work*
1,7G tmp/work
1,6G tmp/work-shared
$ du -sh tmp/deploy
783M tmp/deploy/
```

Le répertoire contient les traces d'exécution de chaque fonction pour chaque recette aux formats log.<nom-fonction> et log.<nom-fonction>.pid. À titre d'exemple, nous pouvons visualiser les traces de production du paquet BusyBox :

```
$ ls -l tmp/work/cortexa7hf-neon-vfpv4-poky-linux-
gnueabi/busybox/1.24.1-r0/temp
total 2164

lrwxrwxrwx 1 pierre pierre       19 juin  16 00:34 log.do_compile
-> log.do_compile.6755
-rw-r--r-- 1 pierre pierre 1142707 juin  16 00:36
log.do_compile.6755
lrwxrwxrwx 1 pierre pierre       30 juin  16 00:36
log.do_compile_ptest_base -> log.do_compile_ptest_base.3928
-rw-rw-r-- 1 pierre pierre      107 juin  16 00:36
log.do_compile_ptest_base.3928
lrwxrwxrwx 1 pierre pierre       21 juin  16 00:34 log.do_configure
-> log.do_configure.3331
...
```

> **REMARQUE**
>
> Si l'option INHERIT += "rm_work" n'est pas activée, le contenu du root-filesystem est également disponible dans tmp/work/raspberrypi3-poky-linux-gnueabi/core-image-minimal/1.0-r0/roofs. Il est donc conseillé de désactiver cette option lors de la mise au point d'une image ou autre recette complexe.

Notion de recette

Outre la possibilité de produire des paquets binaires, la principale différence avec Buildroot est la généralisation de la notion de recette s'appliquant à n'importe quel composant à produire, du simple programme « Hello World » à la distribution complète, en passant par BusyBox, le bootloader ou le noyau Linux. Une recette correspond à un fichier .bb utilisable par BitBake si on retire la version et le suffixe, soit :

```
$ bitbake ma_recette
```

Pour que la recette soit utilisable, il faut bien entendu que le répertoire de métadonnées qui la contient soit présent dans le fichier conf/bblayers.conf. Nous verrons également qu'une recette peut utiliser le suffixe .bbappend à partir du moment où elle est basée sur le même fichier.bb, tout en modifiant certains paramètres de la recette initiale (variables, fonctions). Cette fonctionnalité est très fréquemment utilisée sous Yocto et sera largement décrite.

Notion de classe

Les recettes partagent des procédures communes, par exemple « comment compiler un composant basé sur Autotools ». De ce fait, Yocto fournit un certain nombre de classes (suffixe `.class`) présentes par défaut dans le répertoire `meta/classes` et utilisées grâce au mot-clé `inherit` dans un fichier de recette :

```
inherit autotools
```

On peut bien entendu créer ses propres classes dans des répertoires de métadonnées ajoutés.

Fichier d'inclusion

Ce type correspond à un fichier `.inc` susceptible d'être inclus dans n'importe quelle recette ou classe. Il correspond en général à des définitions de constantes. On utilise pour cela le mot-clé `include` ou bien `require`. Dans le deuxième cas, la présence du fichier à inclure est obligatoire.

```
require linux.inc
include ../common/firmware.inc
include conf/distro/include/security_flags.conf
```

Fichier de configuration

Nous avons déjà utilisé les fichiers de configuration `local.conf` et `bblayers.conf` propres à l'environnement de travail de l'utilisateur. D'autres fichiers de configuration sont livrés avec Yocto ou bien avec les métadonnées ajoutées ; citons `bitbake.conf`, `poky.conf` et `distro.conf`.

Utilisation de BitBake

Pour l'instant, nous avons utilisé la commande `bitbake` sans aucun paramètre, mis à part le nom de la recette à produire. Nous allons ici voir quelques options utiles lors de la mise au point des recettes. L'outil BitBake a quelques similitudes avec GNU Make, et l'on retrouve des options communes.

Comme dans le cas de Buildroot, la production d'un composant correspond à l'exécution de plusieurs étapes (fetch – téléchargement, unpack, patch, license, configure, compile, install, package, etc). On peut exécuter seulement une étape en utilisant l'option -c, par exemple :

```
$ bitbake -c fetchall ma_recette
```

Cette commande indique de télécharger les sources nécessaires à la construction de la recette (*fetchall* indique le chargement des sources des dépendances, en plus des sources nécessaires à la seule recette). Si le nom de la recette correspond à un nom d'image comme *core-image-minimal*, BitBake chargera donc l'intégralité des sources nécessaires pour la construire.

L'exemple suivant force la reconstruction d'une recette :

```
$ bitbake -c cleansstate ma_recette
$ bitbake ma_recette
```

Le but cleansstate efface la recette et le contenu du « cache ». On peut également utiliser le but clean (n'efface pas le cache) ou cleanall (efface les sources téléchargées en plus du cache).

L'option -v permet d'utiliser BitBake en mode « verbeux » :

```
$ bitbake -v mypack-hello
...
mypack-hello-1.0-r0 do_rm_work: + trap '' 0
+ exit 0

mypack-hello-1.0-r0 do_rm_work_all: + do_rm_work_all
+ :
+ ret=0

NOTE: Tasks Summary: Attempted 558 tasks of which 543 didn't need to be
rerun and all succeeded.
```

L'option -D augmente le niveau de *debug*. On peut préciser plusieurs fois la commande et la coupler à -v (-vDDD) afin d'obtenir le maximum de traces :

```
$ bitbake -D mypack-hello
...
DEBUG: Marking task <path>/morty/meta-training/recipes-
core/mypack-hello/mypack-hello_1.0.bb:do_rm_work_all as buildable

DEBUG: Parsing <path>morty/meta-training/recipes-
core/mypack-hello/mypack-hello_1.0.bb (full)
DEBUG: Executing task do_rm_work_all
DEBUG: Teardown for bitbake-worker
DEBUG: Teardown for bitbake-worker
NOTE: Tasks Summary: Attempted 558 tasks of which 543 didn't need
to be rerun and all succeeded.
```

L'option -e est utile pour afficher les variables utilisées par les recettes et leur évolution au cours de l'exécution. L'option -s affiche la liste des recettes disponibles dans un environnement de construction donné (comme rpi3-build).

L'option -g produit des graphes au format DOT utilisable par Graphviz.

```
$ bitbake -g ma_recette
$ ls -1 *.dot
package-depends.dot
pn-depends.dot
task-depends.dot
$ dot -Tpdf package-depends.dot -o package-depends.pdf
```

Le projet BitBake fournit également la commande annexe bitbake-layers, qui est très utile. À titre d'exemple, la sous-commande show-recipes donne la liste des recettes en utilisant éventuellement une expression régulière :

```
$ bitbake-layers show-recipes "lib*"
=== Matching recipes: ===
liba52:
  meta                  0.7.4
libacpi:
  meta                  0.2 (skipped)
libaio:
  meta                  0.3.110
...
```

Les autres options et sous-commandes sont décrites ci-après :

```
$ bitbake-layers -h
usage: bitbake-layers [-d] [-q] [--color COLOR]
[-h] <subcommand> ...

BitBake layers utility

optional arguments:
  -d, --debug          Enable debug output
  -q, --quiet          Print only errors
  --color COLOR        Colorize output (where COLOR is auto,
                       always, never)
  -h, --help           show this help message and exit

subcommands:
  <subcommand>
    layerindex-fetch
                       Fetches a layer from a layer index
                       along with its dependent layers, and
                       adds them to conf/bblayers.conf.
    layerindex-show-depends
                       Find layer dependencies from layer index.
    show-layers        Show current configured layers.
    show-overlayed     List overlayed recipes (where the same
                       recipe exists in another layer)
    show-recipes       List available recipes, showing the layer
                       they are provided by
    show-appends       List bbappend files and recipe files they
                       apply to
    show-cross-depends
                       Show dependencies between recipes that
                       cross layer boundaries.
    add-layer          Add a layer to bblayers.conf.
    remove-layer       Remove a layer from bblayers.conf.
    flatten            Flatten layer configuration into a
                       separate output directory.
```

Syntaxe d'affectation des variables

Les fichiers utilisés par BitBake ont une syntaxe un peu particulière. Si l'on consulte un extrait de local.conf, on trouve les lignes suivantes :

```
#MACHINE ?= "beaglebone"
#MACHINE ?= "genericx86"
#MACHINE ?= "genericx86-64"
#MACHINE ?= "mpc8315e-rdb"
#MACHINE ?= "edgerouter"
```

```
#
# This sets the default machine to be qemux86 if no other machine is
selected:
MACHINE ??= "qemux86"
```

En premier lieu, la valeur affectée à une variable doit systématiquement être entourée de *guillemets anglais* soit :

```
VARIABLE = "valeur"
```

et non :

```
VARIABLE = valeur
```

En cas d'utilisation de l'opérateur ?=, l'affectation de la variable s'effectue au moment de l'exécution de la ligne *si et seulement si* elle ne l'est pas déjà (la documentation parle de *softer assignment* – doux).

```
A = "before"
A ?= "aval"
A ?= "change"
```

Après exécution des trois lignes, la variable A reste à before.

Dans le cas de l'opérateur ??=, l'affectation de la variable s'effectue à *la fin* de l'analyse (la documentation parle de *weaker assignment* – faible).

```
A ??= "someothervalue"
```

La variable vaudra someothervalue si elle n'est pas déjà affectée. Ce principe est utilisé pour définir la cible par défaut – variable MACHINE – à qemux86. Si l'on ajoute la ligne MACHINE = "raspberrypi3" (où que ce soit dans le fichier local.conf), la variable est alors modifiée.

Il est important de noter que BitBake utilise le *référencement* de variable (et non l'affectation immédiate).

```
A = "aval"
B = "pre${A}post"
A = "change"
```

Finalement, la variable B vaut prechangepost, car A a été modifiée avec la valeur change.

L'affectation immédiate est cependant utilisable (mais rarement utilisée) avec l'opérateur :=, également disponible dans GNU Make. Dans l'exemple suivant, la variable A vaut test 123, car B était indéfinie au moment de l'affectation – immédiate – de A alors que T valait 123.

```
T = "123"
A := "${B} ${A} test ${T}"
T = "456"
B = "${T} bval"
```

On utilise fréquemment la modification d'une variable par concaténation avant ou après, en ajoutant ou non un espace. Les opérateurs += et =+ effectuent la concaténation en insérant un espace.

```
VARIABLE += "après_AVEC_espace"
VARIABLE =+ "avant_AVEC_espace"
```

Les opérateurs _append et _prepend réalisent la même action sans ajouter d'espace.

```
VARIABLE_append = "après_SANS_espace"
VARIABLE_prepend = "avant_SANS_espace"
```

L'opérateur _remove supprime les instances d'une chaîne de caractères du contenu d'une variable.

```
VARIABLE = "123 456 789 123456 123 456 123 456"
VARIABLE_remove = "123"
VARIABLE_remove = "456"
```

La variable devient "789 123456".

Enrichir l'image

L'image actuelle est la plus simple possible – rappelons que la taille de l'image micro-SD produite est de 56 Mo. D'autres images fournies par Yocto sont plus complètes, mais nous allons plutôt ajouter des éléments à l'image actuelle (paquets ou « features ») afin de l'enrichir, cette approche étant à notre avis plus pédagogique. Nous citons ci-après quelques recettes d'images dérivant de la classe *image*.

```
$ ls -l meta/recipes-core/images/
total 32
drwxrwxr-x 2 pierre pierre 4096 juin   15 22:40 build-appliance-image
-rw-rw-r-- 1 pierre pierre 4757 juin   15 22:40
build-appliance-image_15.0.0.bb
-rw-rw-r-- 1 pierre pierre  148 juin   15 22:40 core-image-base.bb
-rw-rw-r-- 1 pierre pierre  362 juin   15 22:40 core-image-minimal.bb
-rw-rw-r-- 1 pierre pierre  174 juin   15 22:40 core-image-minimal-dev.bb
-rw-rw-r-- 1 pierre pierre  839 juin   15 22:40 core-image-minimal-initramfs.
bb
-rw-rw-r-- 1 pierre pierre  270 juin   15 22:40 core-image-minimal-mtdutils.bb

$ ls -l meta/recipes-sato/images
total 16
-rw-rw-r-- 1 pierre pierre 392 juin   15 22:40 core-image-sato.bb
-rw-rw-r-- 1 pierre pierre 263 juin   15 22:40 core image-sato-dev.bb
-rw-rw-r-- 1 pierre pierre 366 juin   15 22:40 core-image-sato-sdk.bb
-rw-rw-r-- 1 pierre pierre 112 juin   15 22:40 core image-sato-sdk-ptest.bb
```

> **REMARQUE**
>
> La méthode conseillée consiste à réaliser les tests en modifiant local.conf, puis à définir une nou-velle recette d'image dédiée. Le fichier local.conf étant temporaire, car situé dans l'espace de travail créé par oe-init-build-env, il doit contenir uniquement les paramètres indispensables (définition de MACHINE et options globales de compilation).

Ajout de recettes

Yocto permet d'ajouter des recettes (donc des paquets produits), soit à la construction, soit a posteriori. Dans le deuxième cas, la distribution doit bien entendu disposer d'un système de gestion de paquets que nous décrirons plus tard. Dans tous les cas, les paquets sont créés dans l'environnement de travail, même s'ils ne sont pas présents dans l'image cible.

L'ajout d'un ensemble de recettes à une image utilise la variable IMAGE_INSTALL. On ajoutera donc la ligne suivante à la recette de l'image :

```
IMAGE_INSTALL += "recette_1 recette_2"
```

La couche utilisée pour la Raspberry Pi 3 applique cette syntaxe pour une recette d'image dédiée :

```
$ cat meta-raspberrypi/recipes-core/images/rpi-hwup-image.bb
# Base this image on core-image-minimal
include recipes-core/images/core-image-minimal.bb
```

```
# Include modules in rootfs
IMAGE_INSTALL += " \
  kernel-modules \
  "
```

Dans le cas d'un test préliminaire dans local.conf, on utilisera cependant la syntaxe ci-après, et ce pour de sombres raisons d'ordre d'affectation (voir http://www.yoctoproject.org/docs/2.2.2/mega-manual/mega-manual.html#var_IMAGE_INSTALL) :

```
IMAGE_INSTALL_append = " recette_1 recette_2"
```

> **REMARQUE**
>
> Il est important de ne pas omettre l'espace en tête de la chaîne de caractères.

Ajout de « features »

Outre les paquets, Yocto permet d'ajouter des « features » à l'image, soit un ensemble de paquets constituant une fonctionnalité ou un comportement particulier (x11, tools-debug, package-management, nfs-server, etc.). La liste des principales features est définie dans meta/classe/core-image.bbclass. Le sujet est détaillé dans le lien http://www.yoctoproject.org/docs/2.2.2/mega-manual/mega-manual.html#ref_features_image de la documentation.

Dans le cas d'une recette d'image à laquelle on désire ajouter la gestion de paquets, on utilisera la ligne suivante :

```
IMAGE_FEATURES += "package-management"
```

Dans le cas d'un fichier local.conf, on utilisera la variable EXTRA_IMAGE_FEATURES :

```
EXTRA_IMAGE_FEATURES += "package-management"
```

La valeur de la variable est utilisée pour étendre IMAGE_FEATURES dans meta/conf/bitbake.conf :

```
IMAGE_FEATURES += "${EXTRA_IMAGE_FEATURES}"
```

Cet autre exemple ajoute en plus le serveur SSH et autorise la connexion sans mot de passe :

```
EXTRA_IMAGE_FEATURES += "package-management ssh-server-dropbear
allow-empty-password empty-root-password"
```

Dans la suite du chapitre, nous utiliserons une image intégrant la gestion des paquets. Suite à la construction, on produit une nouvelle image à installer sur la cible. On note la différence de taille (196 Mo, et non plus 56 Mo) due à l'intégration de la base RPM dans l'image.

```
$ ls -lLh tmp/deploy/images/raspberrypi3/core-image-minimal-raspberrypi3.
rpi-sdimg
-rw-r--r-- 1 pierre pierre 196M juin  16 19:21
tmp/deploy/images/raspberrypi3/core-image-minimal-
raspberrypi3.rpi-sdimg
```

Après démarrage de la carte, on note la nouvelle empreinte mémoire et la présence de la commande rpm. L'image produite est composée de 78 paquets.

```
Filesystem         Size      Used   Available Use% Mounted on
/dev/root          143.2M    36.5M     99.1M  27% /
...
root@raspberrypi3:~# rpm -qf /bin/busybox
busybox-1.24.1-r0.cortexa7hf_neon_vfpv4

root@raspberrypi3:~# rpm -qa | wc -l
78
```

Si l'on modifie le format des paquets en utilisant IPK – format utilisé initialement dans OE –, on remarque que l'empreinte mémoire ajoutée est bien plus faible. Pour cela, on modifie local.conf comme suit :

```
PACKAGE_CLASSES = "package_ipk"
```

On relance la construction de l'image par bitbake core-image-minimal et, après installation, on note la différence d'empreinte mémoire par rapport à la version utilisant RPM. Dans ce cas, la commande opkg est utilisée en remplacement de rpm. Cette commande est dérivée de ipkg et utilisée pour le projet OpenWrt (proche de Buildroot).

```
root@raspberrypi3:~# df -h
Filesystem         Size      Used Available  Use% Mounted on
/dev/root          10.6M     7.7M     2.3M   77% /
...
```

> **REMARQUES**
>
> On utilise le format RPM – propulsé par RedHat – dans la plupart des cas de projets industriels, car il est devenu un standard pour le « desktop ». En cas d'empreinte mémoire limitée, le choix IPK est cependant plus judicieux. Il faut également noter que l'outil opkg associé au format IPK est plus léger que la commande rpm et que la production d'une image IPK prend également moins de temps que dans le cas du format RPM. La mise en place d'un serveur de paquets (basé sur SMART) nécessite l'utilisation de RPM et ce point sera évoqué dans la section suivante.
>
> Pour mémoire, OpenWrt est un « build system » dérivé de Buildroot, initialement créé pour le célèbre routeur Linksys WRT54GL. La distribution produite est très optimisée et utilise le format IPK. OpenWrt est désormais compatible avec un grand nombre de routeurs Wi-Fi du commerce (667 selon la liste actuelle).

Création de recettes

Pour l'instant, nous avons utilisé les recettes fournies par Yocto ou bien dans *meta-raspberrypi*. Comme nous l'avons fait pour Buildroot, nous allons aborder la création de recette dans des cas d'exemples simples utilisant les trois approches classiques (fichier Makefile, Autotools et CMake). Nous verrons également comment créer une recette contenant un module noyau. Il faut noter que les recettes créées devront être placées dans une ou plusieurs couche(s) ajoutée(s). Dans notre cas et suite au premier test ci-après, nous utiliserons une couche nommée *meta-le5*.

Un premier exemple

Dans un premier temps et avant d'entrer dans les détails de création d'une recette, nous allons utiliser la commande yocto-layer qui permet de créer une couche de test *meta-example*, ainsi qu'une recette basique intégrant le code source de l'exemple. On crée cette nouvelle couche dans le répertoire poky.

```
$ cd poky
$ yocto-layer create example
Please enter the layer priority you'd like to use for the layer:
[default: 6]
Would you like to have an example recipe created? (y/n)
[default: n] y
Please enter the name you'd like to use for your example recipe:
[default: example]
Would you like to have an example bbappend file created? (y/n)
[default: n]

New layer created in meta-example.

Don't forget to add it to your BBLAYERS (for details see meta-example\README).
```

On peut alors visualiser l'arborescence de la couche créée. Cette dernière est composée d'un sous-répertoire contenant un fichier .bb et des fichiers annexes (dont le code source de l'exemple) :

```
meta-example/
├ conf
│ └ layer.conf
├ COPYING.MIT
├ README
└ recipes-example
  └ example
    ├ example-0.1
    │ ├ example.patch
    │ └ helloworld.c
    └ example_0.1.bb
```

> **REMARQUE**
>
> Le nom d'un répertoire contenant des recettes doit obligatoirement être préfixé par recipes- (recipes-core, recipes-kernel, etc.).

Avant d'utiliser cette nouvelle couche, il est nécessaire de l'ajouter à notre répertoire de travail. Pour cela, on se place dans le répertoire et l'on utilise la commande bitbake-layers :

```
$ cd rpi3-build
$ bitbake-layers add-layer ../meta-example
```

> **REMARQUE**
>
> Si la commande n'est pas accessible, on devra de nouveau charger l'environnement à partir du répertoire poky, en utilisant la commande source oe-init-build-env rpi3-build. Il est conseillé de garder un terminal positionné dans le répertoire de construction afin d'éviter cette manipulation.

On peut alors produire le paquet et afficher son contenu :

```
$ bitbake example
...
$ rpm -qpl tmp/deploy/rpm/cortexa7hf_neon_vfpv4/example-0.1-
r0.cortexa7hf_neon_vfpv4.rpm
/usr
/usr/bin
/usr/bin/helloworld
```

Le fait de construire le paquet ne l'ajoute pas à l'image, sauf si on l'indique dans le fichier `local.conf` par la ligne suivante, avant d'exécuter de nouveau `bitbake core-image-minimal` :

```
IMAGE_INSTALL_append = " example"
```

Cependant, nous allons privilégier l'installation du paquet binaire *a posteriori*, en transférant le fichier `.rpm` sur la cible, puis en utilisant la commande `rpm`. Pour ce faire, nous allons mettre en place un serveur de paquets basé sur SMART.

Serveur de paquets

Les utilisateurs des distributions Linux utilisent systématiquement un serveur de paquets et les outils associés, soit APT ou équivalent (aptitude, synaptic) sur Debian/Ubuntu, YUM puis DNF sur Fedora, etc. Pendant longtemps, la notion de paquet était absente du monde de Linux embarqué – ce qui est encore le cas pour Buildroot. Le format IPK fut introduit il y a quelques années, et la commande `opkg` est utilisée sous OpenWrt. Dans le cas de Yocto, la mise en place d'un serveur nécessite la configuration de l'outil SMART, la commande `smart` étant installée sur l'image à partir du moment ou la feature *package-management* est activée. Notons que nous utilisons SMART exclusivement dans le cas du format RPM.

Le principe est de créer un index des paquets sur le poste de développement. Côté cible, on devra créer des « canaux » *(channels)* correspondant à des URL d'accès à chaque répertoire. La création des index est triviale par la commande suivante :

```
$ bitbake package-index
```

Suite à cela, on doit utiliser un serveur HTTP pour satisfaire aux demandes de la cible. Dans le cas d'un test, le plus simple est d'utiliser Python, qui intègre un serveur HTTP basique, mais suffisant. Ce serveur utilise le port 8 000.

```
$ cd tmp/deploy/rpm
$ python -m SimpleHTTPServer
```

Il reste à configurer la Raspberry Pi 3 à l'aide de la commande smart channel. Le nom du canal choisi est main, et le type type=rpm-md correspond à un dépôt de type *YUM (RPM Meta Data)*.

On affiche les caractéristiques du canal avec l'option smart channel --show et l'on récupère ensuite le contenu des index par la commande smart update.

```
root@raspberrypi3:~# smart channel   add main type-rpm-md
baseurl=http://<adresse-IP-PC>:8000/cortexa7hf_neon_vfpv4
...

root@raspberrypi3:~# smart update
```

Pour toutes les manipulations, on constate le transfert des données dans la fenêtre correspondant au serveur HTTP.

On recherche alors dans la base le nouveau paquet *example*, avec la commande smart search, puis on l'installe sur la cible grâce à la commande smart install. Enfin, on teste l'exécutable, qui affiche simplement le message « Hello World » :

```
root@raspberrypi3:~# smart search example
...
example - Simple helloworld application

root@raspberrypi3:~# smart install example
root@raspberrypi3:~# helloworld
Hello World!
```

Les différents types de recettes

Nous allons maintenant mettre en place une couche de test *meta-le5*, dans laquelle nous placerons les exemples de recettes étudiés dans ce chapitre. En premier lieu, nous créons la couche comme précédemment, grâce à la commande yocto-layer :

```
$ yocto-layer create meta-le5
Please enter the layer priority you'd like to use for the layer: [default: 6]
Would you like to have an example recipe created? (y/n) [default: n]
Would you like to have an example bbappend file created? (y/n) [default: n]

New layer created in meta-le5.

Don't forget to add it to your BBLAYERS (for details see meta-le5/README).
```

Nous devons ensuite ajouter la couche à notre répertoire de travail :

```
$ source oe-init-build-env rpi3-build
$ bitbake-layers add-layer <path>/meta-le5
```

Notons que l'option show-layers affiche les couches actuellement utilisées :

```
$ bitbake-layers show-layers
layer                    path                          priority
================================================================
meta                     <path>/poky/meta              5
meta-poky                <path>/meta-poky              5
meta-yocto-bsp           <path>/meta-yocto-bsp         5
meta-raspberrypi         <path>/meta-raspberrypi       9
meta-example             <path>/meta-example           6
meta-le5                 <path>/meta-le5               6
```

À présent, nous pouvons définir des recettes à ajouter dans la couche. Dans un premier temps, nous créerons quatre recettes :

- une utilisant des sources *locales* (très proche du premier exemple) ;
- une utilisant des sources externes et basée sur un fichier Makefile ;
- une utilisant des sources externes et basée sur Autotools ;
- une utilisant des sources externes et basée sur CMake.

Les recettes seront placées dans un répertoire nommé recipes-core. À l'issue de ces tests, la couche aura l'allure suivante :

```
meta-le5/
├ conf
│ └ layer.conf
├ COPYING.MIT
├ README
└ recipes-core
  ├ mypack-auto
  │ └ mypack-auto_1.0.bb
  ├ mypack-cmake
  │ └ mypack-cmake_1.0.bb
  ├ mypack-gen
  │ └ mypack-gen_1.0.bb
  └ mypack-hello
    ├ files
    │ ├ COPYING
    │ └ helloworld.c
    └ mypack-hello_1.0.bb
```

Nous constatons que, comme précédemment, chaque recette est constituée d'un répertoire contenant un fichier .bb – avec un suffixe de version –, ainsi que d'un répertoire optionnel (files dans le cas présent). Une recette peut utiliser de nombreuses variables, dont la valeur par défaut est définie dans meta/conf/bitbake.conf. Un glossaire complet est disponible dans la documentation, à l'adresse http://www.yoctoproject.org/docs/2.2.2/mega-manual/mega-manual.html#ref-variables-glossary.

Les variables PN *(Package Name)*, PV *(Package Version)* et PR (*Package Release*, initialisée par défaut à la chaîne r0) sont utilisées pour construire le nom du fichier correspondant au paquet produit. Les deux premières valeurs sont extraites du nom du fichier de recette, par exemple mypack_gen_1.0.bb. BitBake utilise des fonctions do_<nom-de-tache>() (do_compile(), do_install(), etc.), et la recette permet également de définir de nouvelles fonctions (ou bien de redéfinir les fonctions existantes).

Exemple avec sources locales

Le premier exemple, *mypack-hello*, est similaire au premier test, car il est basé sur un Makefile et contient le code source de l'exécutable – ainsi que le fichier de licence – dans le répertoire files. Cet exemple est assez particulier, mais nous permet d'introduire les bases d'une recette. Le contenu du fichier .bb est reproduit ci-après. La première partie sert surtout à définir la licence du composant, soit dans notre cas la GPLv2 (fichier COPYING). BitBake impose la fourniture d'un checksum du fichier. La suite définit la variable SRC_URI, qui doit contenir la liste de tous les fichiers nécessaires à la construction de la recette. Les fichiers étant locaux, nous utilisons la syntaxe file://.

```
DESCRIPTION = "HelloWorld"
SECTION = "examples"
LICENSE = "GPLv2"
LIC_FILES_CHKSUM = "file://COPYING;md5=8ca43cbc842c2336e835926c2166c28b"

SRC_URI = "file://hello_yocto.c file://COPYING"
```

Sachant que la recette n'utilise pas de fichier Makefile, on doit indiquer à BitBake la procédure de compilation et d'installation, soit les fonctions do_compile() et do_install(). On note l'utilisation de la variable WORKDIR correspondant au répertoire de compilation, soit tmp/work/${PN}/${PV}-${PR}. La variable D est le préfixe du répertoire d'installation et bindir correspond au répertoire /usr/bin. La variable S correspond au répertoire de compilation. On précise sa valeur parce que, dans le cas de cette recette, il n'y a pas d'archive à extraire. Le contenu des fonctions est assez parlant pour qui a une expérience du développement Linux et/ou a lu les premiers chapitres d'introduction !

```
S = "${WORKDIR}"

do_compile() {
    ${CC} ${CFLAGS} ${LDFLAGS} hello_yocto.c -o hello_yocto
}

do_install() {
    install -d ${D}${bindir}
    install -m 0755 hello_yocto ${D}${bindir}
}
```

> **REMARQUE**
>
> Avant de produire le paquet, nous désactivons la ligne INHERIT += "rm_work" dans le fichier local.
> conf, ce qui permet de conserver les données de compilation du paquet dans tmp/work.

Le paquet est produit par la commande `bitbake` :

```
$ bitbake mypack-hello
```

On constate alors la production de trois fichiers :

```
$ cd tmp/deploy/rpm/cortexa7hf_neon_vfpv4
$ ls mypack-hello-*
mypack-hello-1.0-r0.cortexa7hf_neon_vfpv4.rpm
mypack-hello-dbg-1.0-r0.cortexa7hf_neon_vfpv4.rpm
mypack-hello-dev-1.0-r0.cortexa7hf_neon_vfpv4.rpm
```

Le premier contient effectivement le fichier exécutable produit :

```
$ rpm -qpl  mypack-hello-1.0-r0.cortexa7hf_neon_vfpv4.rpm
/usr
/usr/bin
/usr/bin/hello_yocto
```

Le fichier -dbg contient les informations de mise au point.

> **REMARQUE**
>
> Rappelons-nous cependant que Yocto n'est pas un outil de développement (mais d'intégration) et que
> la mise au point d'un programme à ce niveau n'est pas recommandée. Pour cela, il conviendra plutôt de
> revenir au niveau de la phase de développement.

```
$ rpm -qpl mypack-hello-dbg-1.0-r0.cortexa7hf_neon_vfpv4.rpm
/usr
/usr/bin
/usr/bin/.debug
/usr/bin/.debug/hello_yocto
/usr/src
/usr/src/debug
/usr/src/debug/mypack-hello
/usr/src/debug/mypack-hello/1.0-r0
/usr/src/debug/mypack-hello/1.0-r0/hello_yocto.c
```

Le fichier -dev est vide dans notre cas, car notre recette concerne un exécutable et non une bibliothèque :

```
$ rpm -qpl mypack-hello-dev-1.0-r0.cortexa7hf_neon_vfpv4.rpm
(Ne contient pas de fichiers)
```

On peut tester le nouveau paquet sur la cible, en mettant à jour l'index des paquets sur le poste de developpement :

```
$ bitbake package-index
```

Sur la Raspberry Pi 3, il suffit d'utiliser les commandes suivantes pour installer puis tester le paquet :

```
root@raspberrypi3:~# smart update
root@raspberrypi3:~# smart install mypack-hello

root@raspberrypi3:~# hello_yocto
Hello Yocto !
```

Le répertoire tmp/work contient un grand nombre de données, en particulier le fichier source – ainsi que les éléments produits (fichier exécutable, paquets .rpm) et les traces de compilation dans le sous-répertoire temp :

```
$ cd tmp/work/cortexa7hf-neon-vfpv4-poky-linux-gnueabi
$ tree mypack-hello
mypack-hello/
└1.0-r0
  ├configure.sstate
  ├COPYING
  ├debugsources.list
  ├deploy-rpms
    └cortexa7hf_neon_vfpv4
  │   ├mypack-hello-1.0-r0.cortexa7hf_neon_vfpv4.rpm
```

```
|    ⊢mypack-hello-dbg-1.0-r0.cortexa7hf_neon_vfpv4.rpm
|    └mypack-hello-dev-1.0-r0.cortexa7hf_neon_vfpv4.rpm
⊢hello_yocto
⊢hello_yocto.c
⊢image
|  └usr
|    └bin
|      └hello_yocto
⊢license-destdir
|  └mypack-hello
|    ⊢COPYING
|    ⊢generic_GPLv2
|    └recipeinfo
⊢mypack-hello.spec
⊢package
|  └usr
|    ⊢bin
|    |  └hello_yocto
|    └src
|      └debug
|        └mypack-hello
|          └1.0-r0
|            └hello_yocto.c
...
$ tree mypack-hello/1.0-r0/temp/
mypack-hello/1.0-r0/temp/
⊢log.do_cleansstate -> log.do_cleansstate.31144
⊢log.do_cleansstate.31144
⊢log.do_compile -> log.do_compile.31207
⊢log.do_compile.31207
⊢log.do_configure -> log.do_configure.31190
⊢log.do_configure.31190
...
```

Exemple basé sur un fichier Makefile

Les exemples présentés par la suite obtiendront les sources à partir d'un dépôt externe, ce qui est le cas de la quasi-totalité des recettes. Pour ce faire, nous utiliserons les exemples décrits dans le chapitre précédent consacré au développement embarqué. L'exemple *mypack-gen* qui suit est basé sur un fichier Makefile intégré aux sources et correspond à l'exécutable hello_gen. Nous avions vu que la procédure de compilation était la suivante :

```
$ make
$ sudo make install DESTDIR=<install-prefix>
```

La variable DESTDIR n'est bien entendu pas définie dans Yocto, et il est donc nécessaire de définir la fonction do_install() dans la recette suivante.

```
DESCRIPTION = "Helloworld software (generic)"
LICENSE = "GPLv2"

LIC_FILES_CHKSUM
= "file://COPYING;md5=8ca43cbc842c2336e835926c2166c28b"
PR = "r0"

SRC_URI = "http://pficheux.free.fr/pub/tmp/mypack-gen-1.0.tar.gz"

do_install() {
        oe_runmake install DESTDIR=${D}
}

SRC_URI[md5sum] = "2421f06a3ea5c9c35ac1a833f4587499"
```

On note également la modification de SRC_URI et l'ajout du checksum MD5 de l'archive externe des sources (obligatoire dans la configuration par défaut de Yocto). On peut également ajouter un checksum SHA256 en utilisant une ligne SRC_URI[sha256sum].

> **REMARQUE**
>
> Même si ce n'est pas conseillé, il est possible de désactiver la vérification stricte du checksum en ajoutant la ligne BB_STRICT_CHECKSUM = "0" à la recette. Un simple message d'avertissement sera alors affiché lors de la construction.

Exemple basé sur Autotools

Comme nous l'avons vu au début de l'ouvrage, il existe des outils facilitant la compilation sur des environnements variés, les principaux étant Autotools et CMake. Dans les deux cas, il existe dans Yocto une classe pour traiter ce cas. La recette est plus simple que la précédente, grâce à l'utilisation des fonctionnalités d'Autotools et du mot-clé inherit :

```
DESCRIPTION = "Helloworld software (autotools)"
LICENSE = "GPLv2"
LIC_FILES_CHKSUM =
"file://COPYING;md5=8ca43cbc842c2336e835926c2166c28b"
PR = "r0"

SRC_URI = "http://pficheux.free.fr/pub/tmp/mypack-auto-1.0.tar.gz"

inherit autotools

SRC_URI[md5sum] = "b282082e4e5cc8634b7c6caa822ce440"
```

Exemple basé sur CMake

Il en est de même pour CMake, dont un exemple de recette est présenté ci-après :

```
DESCRIPTION = "Helloworld software (CMake)"
LICENSE = "GPLv2"
LIC_FILES_CHKSUM = "file://COPYING;md5=8ca43cbc842c2336e835926c2166c28b"
PR = "r0"

SRC_URI = "http://pficheux.free.fr/pub/tmp/mypack-cmake-1.0.tar.gz"

inherit cmake

SRC_URI[md5sum] = "70e89c6e3bff196b4634aeb5870ddb61"
```

Techniques avancées sur les recettes

Les exemples présentés jusqu'ici sont triviaux. Nous allons désormais étudier quelques techniques plus avancées, fréquemment utilisées dans des recettes réelles.

Dépendances des recettes

La dépendance entre les composants est un problème crucial sur toutes les distributions Linux. La figure suivante décrit, à droite, les composants dont dépend Firefox et, à gauche, ceux qui en dépendent. La distribution concernée est la Debian.

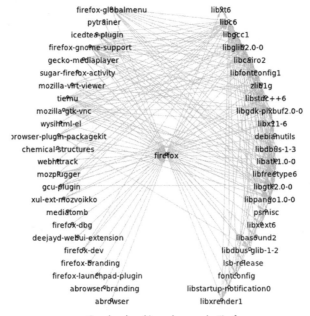

Graphe des dépendances de Firefox

Firefox est certes un composant volumineux, mais le cas peut se présenter dans une distribution embarquée si elle utilise des composants graphiques comme Qt ou X11. Nous avions vu dans Buildroot la possibilité de déclarer la dépendance d'un composant par rapport à d'autres en utilisant le mot-clé DEPENDENCIES. Yocto permet de définir des dépendances *statiques* (à l'édition de lien) avec la variable DEPENDS ou *dynamiques* (à l'exécution) avec RDEPENDS. La dépendance statique est la plus utilisée, par exemple dans le cas d'un exécutable nécessitant une bibliothèque, alors que la dépendance dynamique impose la présence d'un ou plusieurs composant(s) sur l'image. La variable RRECOMMENDS définit une dépendance dynamique plus « souple », par exemple en suggérant une version minimale pour une recette :

```
RDEPENDS_foo = "bar baz"
RRECOMMENDS_${PN} = "foo (>= 1.2)"
```

Si nous considérons le cas d'une recette *mypack-auto-lib* dépendante d'une bibliothèque *bbexample-lib,* il suffit de placer la ligne suivante dans le fichier .bb :

```
DEPENDS = "bbexample-lib"
```

La production de la recette conduit à la production de recettes dépendantes :

```
$ bitbake mypack-auto-lib
```

On note comme prévu la présence des paquets RPM associés, en premier lieu celui correspondant à l'exécutable hello_auto_lib :

```
$ rpm -qpl tmp/deploy/rpm/cortexa7hf_neon_vfpv4/mypack-auto-lib-
1.0-r0.cortexa7hf_neon_vfpv4.rpm
/usr
/usr/bin
/usr/bin/hello_auto_lib
```

Grâce à Autotools, la syntaxe de la recette de la bibliothèque est identique à celle d'un exécutable et utilise la requête inherit autotools. On remarque que le nom du fichier RPM produit à partir de la recette *bbexample-lib* est différent :

```
$ rpm -qpl tmp/deploy/rpm/cortexa7hf_neon_vfpv4/libbbexample1-1.0-r0.
cortexa7hf_neon_vfpv4.rpm
/usr
/usr/lib
/usr/lib/libbbexample.so.1
/usr/lib/libbbexample.so.1.0.0
```

Dans le cas d'une bibliothèque, le fichier -dev associé contient les éléments nécessaires au développement. Il seront ajoutés au SDK produit, que nous décrirons plus tard dans ce chapitre.

```
$ rpm -qpl tmp/deploy/rpm/cortexa7hf_neon_vfpv4/libbbexample-dev-1.0-r0.
cortexa7hf_neon_vfpv4.rpm
/usr
/usr/include
/usr/include/bbexample.h
/usr/lib
/usr/lib/libbbexample.la
/usr/lib/libbbexample.so
```

Si l'on installe le paquet *mypack-auto-lib-1.0-r0* avec smart install, le paquet *libbbexample-dev-1.0-r0* sera installé automatiquement par dépendance :

```
root@raspberrypi3:~# smart install mypack-auto-lib
...
Installing packages (2):
    libbbexample1-1.0-r0@cortexa7hf_neon_vfpv4
    mypack-auto-lib-1.0-r0@cortexa7hf_neon_vfpv4
```

Intégration d'un patch

Il est fréquent d'utiliser un ou plusieurs patch(s) afin de corriger le code source d'une application. Si la correction n'est pas effectuée immédiatement par les mainteneurs du projet, il est nécessaire d'intégrer le patch à la recette Yocto. À titre d'exemple, nous allons modifier le code source de l'exemple hello_auto.c utilisé par la recette *mypack-auto*. Le patch hello.patch change simplement le message affiché par le programme, et le contenu du fichier est donné ci-après. Cette modification correspond à une mise à jour du paquet, soit r1 et non plus r0.

```
diff -ruN a/hello_auto.c b/hello_auto.c
--- a/hello_auto.c    2016-11-03 22:08:13.495997090 +0100
+++ b/hello_auto.c    2016-11-03 22:08:42.063996246 +0100
@@ -4,7 +4,7 @@

 int main(int argc, char* argv[])
 {
-    printf("Hello, world! (autotools)\n");
+    printf("Hello, world! (autotools + patched)\n");

     return 0;
 }
```

Pour que le patch s'applique, il suffit d'ajouter le fichier dans un répertoire files/ et d'y faire référence dans la variable SRC_URI de la recette. Le répertoire devient donc :

```
$ tree mypack-auto/
mypack-auto/
├ files
│ └ hello.patch
└ mypack-auto_1.0.bb
```

Le fichier .bb contient les lignes suivantes :

```
PR = "r1"
SRC_URI = "http://pficheux.free.fr/pub/tmp/mypack-auto-1.0.tar.gz file://
hello.patch"
```

Si l'on produit de nouveau le paquet, on note que la version r1 est désormais disponible :

```
$ bitbake mypack-auto
$ bitbake package-index

$ ls -1 tmp/deploy/rpm/cortexa7hf_neon_vfpv4/mypack-auto-1.0-
r1.cortexa7hf_neon_vfpv4.rpm
```

On met alors le paquet à jour sur la cible en utilisant smart update (pour mettre à jour la base), puis smart upgrade :

```
root@raspberrypi3:~# smart update
...
Channels have 3 new packages:
    mypack-auto-1.0-r1@cortexa7hf_neon_vfpv4
    mypack-auto-dbg-1.0-r1@cortexa7hf_neon_vfpv4
    mypack-auto-dev-1.0-r1@cortexa7hf_neon_vfpv4
...
root@raspberrypi3:~# smart upgrade
Upgrading packages (1):
  mypack-auto-1.0-r1@cortexa7hf_neon_vfpv4
...
root@raspberrypi3:~# hello_auto
Hello, world! (autotools + patched)
```

Utilisation d'un fichier .bbappend

Nous avons vu qu'une recette correspondait à un fichier .bb, mais Yocto utilise également les fichiers .bbappend, que l'on pourrait traduire par « extensions de recette ». Cette technique très utilisée permet de modifier une recette (ajout/modification de données ou de fonctions), tout en en conservant la logique de construction. Un exemple simple est la recette définie dans meta/recipes-core/psplash, qui affiche un logo lors du démarrage du système. Elle contient l'arborescence suivante :

```
psplash/
├files
│ ├psplash-init
│ └psplash-poky-img.h
└psplash_git.bb
```

Le fichier psplash-poky-img.h définit l'image à afficher. Le répertoire meta-poky/recipes-core/psplash fournit la même recette, pour laquelle seule l'image est modifiée. On remarque également la présence d'un fichier .bbappend, et non .bb :

```
psplash/
├files
│ └psplash-poky-img.h
└psplash_git.bbappend
```

Ce fichier contient simplement la ligne suivante (obscure à première vue), qui ajoute le chemin d'accès au répertoire files de la recette étendue. Le fichier d'image utilisé est donc en priorité celui de la recette étendue.

```
FILESEXTRAPATHS_prepend_poky := "${THISDIR}/files:"
```

La documentation décrit cette syntaxe à l'adresse http://www.yoctoproject.org/docs/2.2.2/mega-manual/mega-manual.html#var-FILESEXTRAPATHS.

Nous allons mettre en place un exemple simple basé sur un nouveau programme hello_msg, qui affiche une chaîne de caractères définie dans un fichier d'en-tête local (dans la recette) :

```
$ tree mypack-msg/
mypack-msg/
├files
│ └message.h
└mypack-msg_1.0.bb
```

Le fichier message.h contient la ligne suivante :

```
#define MSG "a simple message"
```

Le code source du programme est décrit ci-après :

```
#include <stdio.h>

#include "message.h"

int main(int argc, char* argv[])
{
    printf("%s\n", MSG);

    return 0;
}
```

Après installation du paquet par SMART, on obtient le comportement prévu sur la cible :

```
root@raspberrypi3:~# hello_msg
a simple message
```

L'utilisation du .bbappend nécessite de créer une deuxième couche *meta-le5-bis*, en utilisant yocto-layer. On fixe la priorité à 7, et non 6 (valeur par défaut) :

```
$ yocto-layer create meta-le5-bis
Please enter the layer priority you'd like to use for the layer:
[default: 6] 7
...
```

On ajoute alors la recette étendue, qui modifie le message affiché :

```
$ cd meta-le5-bis/recipes-core/
$ tree mypack-msg/
mypack-msg/
⊢files
| ∟message.h
∟mypack-msg_1.0.bbappend

$ cat mypack-msg/files/message.h
#define MSG "a simple message (reloaded)"
```

On ajoute la couche :

```
$ bitbake-layers add-layer <path>/meta-le5-bis
```

Après production du paquet et installation sur la cible, on obtient bien le comportement prévu, soit un nouveau message affiché :

```
root@raspberrypi3:~# smart remove mypack-msg
root@raspberrypi3:~# smart install mypack-msg
root@raspberrypi3:~# hello_msg
a simple message (reloaded)
```

Priorités des layers

Lors de la création des couches de test, nous avons défini une priorité pour chacune ; celle-ci est visible en dernière colonne lors de l'utilisation de la commande bitbake-layers show-layers. La valeur de priorité est définie dans le répertoire conf/layer.conf de la couche. Pour *meta-le5*, nous avons :

```
BBFILE_PRIORITY_meta-le5 = "6"
```

Pour *meta-le5-bis*, nous avons une priorité supérieure :

```
BBFILE_PRIORITY_meta-le5-bis = "7"
```

La priorité est utile lorsque la même recette (.bb ou .bbappend) est définie dans plusieurs couches. Nous allons reprendre l'exemple de la recette *mypack-hello*. Actuellement, le paquet est en version 1.0 (définie par le nom du fichier de recette). Nous ajoutons l'arborescence suivante à la couche *meta-le5-bis*, qui définit la même recette du composant en version 1.1 :

```
$ cd meta-le5-bis/recipes-core
$ tree mypack-hello/
mypack-hello/
├ files
│   ├ COPYING
│   └ hello_yocto.c
└ mypack-hello_1.1.bb
```

Si nous construisons de nouveau la recette, la version passe en 1.1 à cause de la priorité supérieure de la couche *meta-le5-bis*. Si nous modifions la priorité de 7 à 4 (inférieure à celle de *meta-le5*), le paquet revient en version 1.0. En cas d'égalité des priorités, la version la plus récente est construite :

```
$ ls -1 tmp/deploy/rpm/cortexa7hf_neon_vfpv4/mypack-hello-1.1-
r0.cortexa7hf_neon_vfpv4.rpm
tmp/deploy/rpm/cortexa7hf_neon_vfpv4/mypack-hello-1.1-
r0.cortexa7hf_neon_vfpv4.rpm
```

On peut cependant forcer l'utilisation d'une version donnée avec la variable PREFER-RED_VERSION_<nom-recette> dans local.conf :

```
PREFERRED_VERSION_mypack-hello = "1.0"
```

Si l'on construit de nouveau le paquet en utilisant bitbake mypack-hello, il revient en version 1.0.

Ajout et définition de fonctions

Nous avons vu qu'une recette correspondait à un ensemble de fonctions exécutées par BitBake : do_compile(), do_install(), etc. Ces fonctions accessibles par toutes les recettes et liées aux étapes de leur production sont définies dans le fichier meta/classes/base.bbclass. Nous avons vu que l'on pouvait redéfinir une fonction dans une recette, mais on peut également définir des fonctions exécutées avant *(prepend)* et après *(append)* une fonction existante.

À titre d'exemple, modifions la recette en ajoutant les deux fonctions suivantes :

```
do_compile_prepend() {
        echo "*** compile_prepend"
}

do_compile_append() {
        echo "*** compile_append"
}
```

On construit ensuite la recette en mode « verbeux » pour démontrer l'exécution des fonctions ajoutées :

```
$ bitbake -v mypack-gen | egrep -i "append|prepend"
+ echo '*** compile_prepend'
*** compile_prepend
mypack-gen-1.0-r0 do_compile:
+ echo '*** compile_append'
*** compile_append
```

On peut également ajouter une fonction spécifique à la recette (non connue par Bit-Bake). On définit le séquencement par la directive addtask:

```
do_my_func() {
        echo "*** my_func"
}

addtask my_func before do_install
```

> **REMARQUE**
>
> On note que dans la déclaration faite avec `addtask`, le nom de la fonction est spécifiée *sans* le préfixe `do_`.

On vérifie l'appel de la fonction à l'exécution de `bitbake` :

```
$ bitbake -v mypack-gen | grep my_func
NOTE: recipe mypack-gen-1.0-r0: task do_my_func: Started
mypack-gen-1.0-r0 do_my_func: + do_my_func
mypack-gen-1.0-r0 do_my_func: + echo '*** my_func'
mypack-gen-1.0-r0 do_my_func: *** my_func
mypack-gen-1.0-r0 do_my_func: + ret=0
NOTE: recipe mypack-gen-1.0-r0: task do_my_func: Succeeded
```

Recettes du noyau et des modules

Nous allons maintenant aborder les recettes correspondant à l'espace noyau, en commençant par le noyau lui-même, puis aux modules dynamiques (pilotes de périphériques ou « drivers ») qui pourraient être nécessaires à l'image.

Recette du noyau Linux

La complexité de ces recettes – en particulier celle du noyau – est bien entendu supérieure à celle de nos exemples précédents. Le nom symbolique de la recette du noyau Linux sous Yocto est *virtual/kernel*. La commande `bitbake virtual/kernel` effectuera donc la compilation du noyau et des modules.

Dans le cas de la Raspberry Pi 3, les recettes du noyau sont fournies dans `meta-raspberrypi/recipes-kernel/linux`.

> **REMARQUE**
>
> Le nom `recipes-kernel` est par convention utilisé dans le cas de recettes liées au noyau.

On remarque que deux recettes sont fournies (noyaux 4.4 et 4.9) :

```
$ ls -l recipes-kernel/linux
total 28
drwxrwxr-x 2 pierre pierre 4096 juin  15 22:42 linux-raspberrypi
```

```
drwxrwxr-x 2 pierre pierre 4096 juin   15 22:42 linux-raspberrypi-4.4
-rw-rw-r-- 1 pierre pierre  294 juin   15 22:42 linux-raspberrypi_4.4.bb
-rw-rw-r-- 1 pierre pierre  509 juin   15 22:42 linux-raspberrypi_4.9.bb
-rw-rw-r-- 1 pierre pierre 1972 juin   15 22:42 linux-raspberrypi.inc
-rw-rw-r-- 1 pierre pierre 5077 juin   15 22:42 linux-rpi.inc
```

Bien que Yocto soit un outil d'intégration, il peut être intéressant de modifier la configuration du noyau, comme on le ferait avec la commande make menuconfig évoquée dans les chapitres précédents. Pour cela, on utilise la commande suivante :

```
$ bitbake -c menuconfig virtual/kernel
```

REMARQUE

En cas d'erreur à l'ouverture du terminal, on peut forcer le nom du terminal par la directive OE_TERMINAL = "xterm" dans le fichier local.conf.

Bien entendu, il faut pour cela que le fichier .config existe, donc que le noyau ait déjà été compilé. Si tel n'est pas le cas, on produit préalablement le .config :

```
$ bitbake -c kernel_configme virtual/kernel
```

À titre d'exemple, on peut modifier le fichier .config afin d'embarquer la configuration du noyau dans le fichier virtuel /proc/config.gz.

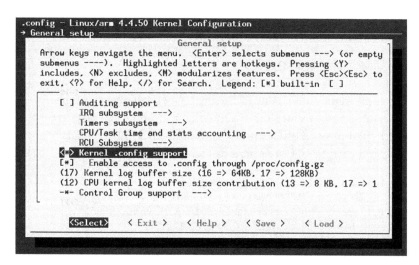

Modification de la configuration du noyau

On compile, puis on installe le noyau en utilisant la commande `-c deploy`. Après compilation, le nouveau noyau est disponible sur `tmp/deploy/images/raspberrypi3`.

```
$ bitbake -c deploy virtual/kernel

$ ls -l tmp/deploy/images/raspberrypi3/Image
lrwxrwxrwx 2 pierre pierre 65 juil.  3 21:43
tmp/deploy/images/raspberrypi3/Image -> Image-1-
4.4.50+git0+04c8e47067-r0-raspberrypi3-20170703194234.bin
```

Nous rappelons que, sur la Raspberry Pi 3, le noyau est situé sur la partition VFAT sous le nom `kernel7.img`. Avant modification du noyau, le fichier `/proc/config.gz` est absent :

```
root@raspberrypi3:~# ls -l /proc/config.gz
ls: /proc/config.gz: No such file or directory
```

Lorsque l'on met à jour le noyau et que l'on redémarre la carte, on constate la présence du fichier `/proc/config.gz` :

```
root@raspberrypi3:~# ls -l /proc/config.gz
-r--r--r--    1 root      root           31653 Jul  1 09:43
/proc/config.gz
```

Le fichier `.config` modifié est cependant situé dans le répertoire de compilation du noyau – sous-répertoire de `tmp/work` – qui est temporaire :

```
$ ls -la tmp/work/raspberrypi3-poky-linux-gnueabi/linux-
raspberrypi/1_4.4.50+gitAUTOINC+04c8e47067-r0/linux-raspberrypi3-
standard-build/.config
```

En toute rigueur, on peut utiliser cette nouvelle configuration si on la copie dans le répertoire de la recette du noyau sous le nom `linux-raspberrypi-4.4/defconfig`. Une autre solution est d'utiliser un « fragment » qui correspond à la liste des options de configuration modifiées. On obtient un fichier de fragment en utilisant l'option `diffconfig`.

```
$ bitbake -c diffconfig virtual/kernel

$ cat <path>/tmp/work/raspberrypi3-poky-linux-gnueabi/linux-raspberrypi/1_4.4.
50+gitAUTOINC+04c8e47067-r0/fragment.cfg
CONFIG_IKCONFIG=y
CONFIG_IKCONFIG_PROC=y
```

Ce fichier peut alors être placé dans `linux-raspberrypi-4.4/fragment.cfg`. Pour que ces nouveaux fichiers soient utilisés, il faut bien entendu y faire référence dans la variable

SRC_URI de la recette. En utilisant cette technique, nous notons que la configuration du noyau n'est pas modifiée – dans les deux cas – car la recette linux-raspberrypi_4.4.bb fournie dans meta-raspberrypi ne suit pas *strictement* les règles d'une recette de noyau Linux sous Yocto. En particulier, le fichier .config est construit dynamiquement par la recette et non obtenu à partir d'un fichier defconfig. Cette technique simplifie l'architecture de la couche *meta-raspberrypi*, qui doit prendre en compte plusieurs cibles (les différents modèles de cartes).

```
$ ls -1 meta-raspberrypi/conf/machine/
include
raspberrypi0.conf
raspberrypi0-wifi.conf
raspberrypi2.conf
raspberrypi3-64.conf
raspberrypi3.conf
raspberrypi-cm3.conf
raspberrypi-cm.conf
raspberrypi.conf
```

Nous pourrions faire la démonstration sur la cible *qemux86*, qui est la référence pour Yocto, mais nous allons courageusement créer une nouvelle recette de noyau pour la Raspberry Pi 3 dans le répertoire meta-le5/recipes-kernel déjà utilisé.

```
$ tree recipes-kernel/
recipes-kernel/
└linux
  ├files
  │ ├0001-fix-dtbo-rules.patch
  │ └defconfig
  └linux-rpi3.bb
```

Le contenu de la recette linux-rpi3.bb est relativement simple et décrit ci-après. Nous utilisons la même version que pour la recette initiale (variable SRCREV), ainsi que le patch 0001-fix-dtbo-rules.patch. Le fichier defconfig correspond au fichier .config utilisé par la recette initiale.

```
DESCRIPTION = "Linux RPi 3 kernel test"
SECTION = "kernel"
LICENCE = "GPLv2"

require recipes-kernel/linux/linux-yocto.inc

LIC_FILES_CHKSUM
= "file://COPYING;md5=d7810fab7487fb0aad327b76f1be7cd7"

LINUX_VERSION ?= "4.4.50"
```

```
LINUX_VERSION_EXTENSION = "-le5"

PV = "${LINUX_VERSION}+git${SRCPV}"

SRCREV = "04c8e47067d4873c584395e5cb260b4f170a99ea"

SRC_URI
= "git://github.com/raspberrypi/linux.git;protocol=git;branch=rpi-
4.4.y \
            file://0001-fix-dtbo-rules.patch \
"

SRC_URI += "file://defconfig"

COMPATIBLE_MACHINE = "raspberrypi3"
```

On spécifie l'utilisation de ce nouveau noyau pour l'image en utilisant la directive PREFERRED_PROVIDER dans le fichier local.conf. Comme dans le cas de la directive PREFERRED_VERSION, cette possibilité n'est pas limitée au noyau Linux, mais est valable pour n'importe quelle recette :

```
PREFERRED_PROVIDER_virtual/kernel = "linux-rpi3"
```

Après production et installation d'une nouvelle image sur une micro-SD, on note l'utilisation du nouveau noyau -le5 et l'absence du fichier config.gz :

```
root@raspberrypi3:~# uname -r
4.4.50-le5

root@raspberrypi3:~# ls -l /proc/config.gz
ls: /proc/config.gz: No such file or directory
```

On crée alors un fichier .bbappend dans la couche *meta-le5-bis* afin de prendre en compte le nouveau fragment :

```
$ tree linux-rpi3/
linux-rpi3/
├ files
│ └ fragment.cfg
└ linux-rpi3.bbappend

$ cat linux-rpi3/linux-rpi3.bbappend
FILESEXTRAPATHS_prepend := "${THISDIR}/files:"
SRC_URI += "file://fragment.cfg"
```

On produit ensuite une version modifiée du noyau incluant les options validées par le fragment :

```
$ bitbake -c deploy virtual/kernel
```

Enfin, on vérifie la présence du fichier sur l'image après mise à jour du noyau et redémarrage :

```
root@raspberrypi3:~# ls -l /proc/config.gz
-r--r--r--    1 root      root          31660 Jul  4 11:32
/proc/config.gz
```

> **REMARQUE**
>
> La technique des fragments est également applicable à la recette de BusyBox, qui utilise un fichier de configuration .config similaire à celui du noyau Linux.

Intégration d'un module

La conception d'un système passe parfois par l'ajout d'un pilote de périphérique qui, dans la quasi-totalité des cas, correspond à un module dynamique que l'on charge avec insmod ou modprobe. Dans ce cas, la recette correspondante est normalement beaucoup plus simple que pour le noyau Linux. Nous avons un peu modernisé un exemple de module évoqué dans la documentation Yocto, soit le fichier hello.c. Après compilation, cet exemple affiche un message lors du chargement par insmod ou lors du retrait par rmmod.

```c
#include <linux/module.h>

MODULE_LICENSE("GPL");

static int param;

module_param(param, int, 0644);

static int __init hello_init (void)
{
   pr_info ("Hello World, my param is %d!\n", param);
   return 0;
}

static void __exit hello_exit (void)
{
   pr_info ("Goodbye Cruel World!\n");
}

module_init (hello_init);
module_exit (hello_exit);
```

Yocto fournit la classe *module* dédiée à la compilation d'un module. L'arborescence du répertoire correspondant à la recette est très simple. Notons que les sources du module sont intégrées à la recette :

```
$ cd recipes-kernel

$ tree hello-mod/
hello-mod/
├ files
│ ├ COPYING
│ ├ hello.c
│ └ Makefile
└ hello-mod_1.0.bb
```

La seule particularité de la recette est d'hériter de la classe *module* :

```
DESCRIPTION = "hello-world-mod tests the module.bbclass mechanism."
LICENSE = "GPLv2"
LIC_FILES_CHKSUM = "file://COPYING;md5=12f884d2ae1ff87c09e5b7ccc2c4ca7e"

inherit module

SRC_URI = "file://Makefile \
           file://hello.c \
           file://COPYING \
           "

S = "${WORKDIR}"
```

On produit la recette en faisant appel à la commande bitbake et l'on note que le nom du paquet réellement produit est différent de celui de la recette initiale :

```
$ bitbake hello-mod
...
$ rpm -qpl tmp/deploy/rpm/raspberrypi3/kernel-module-hello-1.0-r0.
raspberrypi3.rpm
/lib
/lib/modules
/lib/modules/4.4.50
/lib/modules/4.4.50/extra
/lib/modules/4.4.50/extra/hello.ko
$ rpm -qpl tmp/deploy/rpm/raspberrypi3/hello-mod-1.0-
r0.raspberrypi3.rpm
(Ne contient pas de fichiers)
```

REMARQUE

Une image produite par Yocto fournit *chaque* module noyau dans un paquet RPM préfixé par `kernel-module-`. Cette option permet d'ajouter/retirer très simplement un module en utilisant SMART.

Comme lors des précédents tests, nous allons ajouter l'image en utilisant le serveur de paquets et la commande smart sur la cible. Après un bitbake package-index dans l'environnement de développement, puis smart update sur la cible, on note malgré tout que le nouveau paquet est introuvable. Ce problème est normal, car nous devons créer un nouveau canal dédié aux paquets du sous-répertoire tmp/deploy/rpm/raspberrypi3.

```
root@raspberrypi3:~# smart channel --add kernel type=rpm-md
baseurl=http://<adresse-IP-PC>:8000/raspberrypi3

root@raspberrypi3:~# smart update
root@raspberrypi3:~# smart search hello-mod
hello-mod - hello-mod version 1.0-r0
hello-mod-dbg - hello-mod version 1.0-r0 - Debugging files
hello-mod-dev - hello-mod version 1.0-r0 - Development files

root@raspberrypi3:~# smart install hello-mod
...
Installing packages (3):
   hello-mod-1.0-r0@raspberrypi3
   kernel-4.4.50-1:4.4.50+git0+04c8e47067-r0@raspberrypi3
   kernel-module-hello-1.0-r0@raspberrypi3

22.9kB of package files are needed. 67.4kB will be used.

Confirm changes? (Y/n): y
```

On peut alors insérer le module en passant un paramètre et constater l'affichage dans les traces du noyau :

```
root@raspberrypi3:~# modprobre hello param=42
root@raspberrypi3:~# lsmod
     Tainted: G
hello 802 0 - Live 0x7f000000 (O)

root@raspberrypi3:~# dmesg
[  366.888456] Hello World, my param is 42!
```

Le plus souvent, le module sera chargé automatiquement lors du démarrage du système. Pour cela, on doit ajouter quelques éléments au fichier local.conf (pour un premier test) ou bien au fichier de recette du module :

```
KERNEL_MODULE_AUTOLOAD += "hello"
KERNEL_MODULE_PROBECONF = "hello"
module_conf_hello = "options hello param=42"
```

Les trois lignes précédentes ont pour effet d'ajouter les fichiers suivants à l'image produite sur le poste de développement :

```
$ cat tmp/work/raspberrypi3-poky-linux-gnueabi/core-image-
minimal/1.0-r0/rootfs/etc/modules-load.d/hello.conf
hello

$ cat tmp/work/raspberrypi3-poky-linux-gnueabi/core-image-
minimal/1.0-r0/rootfs/etc/modprobe.d/hello.conf
options hello param=42
```

Au démarrage du système, on note le chargement automatique du module, ainsi que le passage de la valeur 42 :

```
root@raspberrypi3:~# lsmod
    Tainted: G
hello 802 0 - Live 0x7f000000 (O)

root@raspberrypi3:~# cat /sys/module/hello/parameters/param
42
```

Il est également possible de placer ces options dans un fichier .bbappend de la recette du noyau Linux. L'utilisation d'un .bbappend est également utile si l'on veut charger automatiquement un module fourni avec le noyau :

```
$ cat recipes-kernel/linux-raspberrypi/linux-
raspberrypi_4.1.bbappend
KERNEL_MODULE_AUTOLOAD += "i2c-dev"
```

Dans le cas d'un module (ou, plus généralement, d'un paquet dépendant de l'architecture), on peut considérer les variables MACHINE_ESSENTIAL_EXTRA_RDEPENDS et MACHINE_ ESSENTIAL_EXTRA_RRECOMMENDS. Dans le premier cas, la variable indique que le paquet est nécessaire au démarrage du système. Dans le deuxième cas, l'absence du paquet n'empêchera pas la construction de l'image. La documentation Yocto donne l'exemple d'un pilote pouvant être construit en tant que module externe ou bien intégré au noyau de manière statique. Grâce à cette variable, la construction de l'image s'effectuera dans les deux cas (voir http://www.yoctoproject.org/docs/2.2.2/mega-manual/mega-manual. html#var_MACHINE_ESSENTIAL_EXTRA_RRECOMMENDS).

Interface graphique

Historiquement, les systèmes embarqués utilisaient rarement des interfaces graphiques. Dans l'environnement Linux, les couches graphiques comme X11 et les bibliothèques de type Qt étaient réservées au PC « desktop ». L'évolution de la technologie et des usages de ces systèmes a cependant modifié la donne. Une cible de type Raspberry Pi 3 dispose d'un processeur graphique évolué (GPU) ouvrant la voie à bon nombre d'applications.

Test de X11

Le projet X Window System (X11), datant des années 1980, est un standard reconnu dans le monde UNIX. Même si X11 n'est plus indispensable pour mettre en place des applications graphiques, il est intégré à la totalité des distributions Linux et utilisable sur Yocto. La création d'une image intégrant les composants X11 s'effectue par la commande suivante :

```
$ bitbake core-image-x11
```

Après installation de l'image et démarrage de la cible, l'impression est un peu décevante, car on obtient un écran noir, certes graphique, mais simplement enrichi du pointeur de souris. Les habitués de X11 savent que ce dernier est constitué du « serveur X » (le programme qui affiche le fameux pointeur), mais qu'il est nécessaire d'ajouter quelques applications (les « clients X »). Quelques applications célèbres sont fournies par la couche *meta-openembedded* :

```
$ bitbake-layers add-layer <path>/meta-openembedded/meta-oe
```

On peut alors produire les trois paquets suivants, que l'on installera en utilisant SMART.

```
$ bitbake xterm xclock twm
```

Une fois les paquets installés, on crée le script /etc/X11/Xession.d/89xterm.sh contenant les lignes suivantes :

```
twm &
xclock -qeometry +10-10 &
xterm -geometry 80x24+10+10
```

Si l'on redémarre X11 par la commande /etc/init.d/xserver-nodm restart, on obtient un écran qui rappelle de bons souvenirs à bon nombre d'utilisateurs X11 de la première heure. Bien entendu, nous sommes encore très loin d'utiliser les possibilités de la GPU de la carte !

Un écran X11 à l'ancienne sur Pi 3

Le fichier peut être mis en place sous forme de paquet, si l'on ajoute le fichier de recette x11-oldies.bb à la couche *meta-le5* :

```
$ tree recipes-graphics/x11-oldies
⊢ files
|  ⊢ 89xterm.sh
|  ⌐COPYING
⌐x11-oldies_1.0.bb
```

Cette recette est un exemple de paquet indépendant de l'architecture, d'où l'utilisation de la classe *allarch*. On note que la recette dépend dynamiquement des composants utilisés dans le script :

```
$ cat recipes-graphics/x11-oldies/x11-oldies_1.0.bb
SUMMARY = "xterm + twm + xclock starter"
LICENSE = "GPLv2"
LIC_FILES_CHKSUM
= "file://COPYING;md5=8ca43cbc842c2336e835926c2166c28b"

SRC_URI = "file://89xterm.sh file://COPYING"

inherit allarch

RDEPENDS_${PN} = "xterm twm xclock"

S = "${WORKDIR}"

do_install() {
   install -d ${D}/${sysconfdir}/X11/Xsession.d/
   install -m 0755 89xterm.sh ${D}/${sysconfdir}/X11/Xsession.d/
}
```

Test de Wayland

Réalisons un test très simple avec Wayland, qui se veut un composant plus simple et plus léger que X11 (et donc mieux adapté aux architectures embarquées). La principale différence avec X est la notion de *compositeur*, qui est intégrée au serveur dans le cas de Wayland.

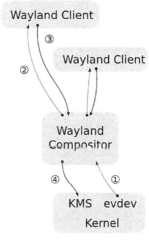

Architecture Wayland

La couche *meta-raspberrypi* inclut la recette *userland*, qui fournit la commande de capture d'image `raspistill` utilisable avec le module caméra adapté à la Raspberry Pi.

On construit la recette par :

```
$ bitbake userland
```

L'utilisation de la caméra nécessite de modifier le fichier `config.txt` en ajoutant les lignes suivantes :

```
start_x=1
gpu_mem=128
```

Après installation du paquet correspondant à `raspistill`, la prévisualisation de l'image nécessite une couche graphique, ce qui conduit à l'intégration de Wayland sur la cible. Si l'on utilise la commande qui suit, on note l'affichage de l'image caméra sur l'écran de la Raspberry Pi 3.

```
root@raspberrypi3:~# raspistill -o test.jpg
```

Test de Qt 5

Après un premier test avec X11, nous allons nous intéresser à une bibliothèque plus récente (Qt 5), capable de profiter des capacités de la GPU de notre carte.

Qt (prononcer « cute ») est un composant célèbre dans le monde libre, créé par la société norvégienne Trolltech en 1994. Une version pour Linux embarqué existe depuis 2000. Qt fonctionnait au départ sur X11, macOS et Windows (sans oublier la version embarquée initialement basée sur le *framebuffer*). Après le rachat par Nokia en 2008, de nouvelles cibles furent ajoutées à Qt 4 (Symbian, WinCE). La division Qt fut acquise par Digia en 2012, et Qt 5 est désormais la version officielle (même si Qt 4 existe toujours). Le nom commercial de l'éditeur est aujourd'hui *The Qt Company* (https://www.qt.io/company/).

Dans le cas de Yocto, Qt existe sous la forme des couches *meta-qt4* et *meta-qt5*. L'utilisation de Qt 5 nécessite une accélération graphique, alors que Qt 4 est toujours utilisable – y compris avec un simple framebuffer – mais est en voie d'obsolescence (la couche Yocto associée n'est plus maintenue). Notre carte Raspberry Pi 3 étant récente, nous allons réaliser un test de Qt 5 en utilisant l'accélération OpenGL (EGLFS). On doit tout d'abord récupérer le contenu de la couche :

```
$ git clone -b morty https://github.com/meta-qt5/meta-qt5.git
```

De retour dans le répertoire rpi3-build, on ajoute la couche :

```
$ bitbake-layers add-layer <path>/meta-qt5
```

La couche ne fournit pas de recette d'image. Nous modifions donc le fichier local.conf afin d'ajouter les paramètres et paquets nécessaires à l'image *core-image-minimal*. On note la ligne indiquant de ne pas utiliser X11 ni Wayland, Qt 5 fonctionnant uniquement avec accélération graphique.

```
DISTRO_FEATURES_remove = "x11 wayland"
IMAGE_INSTALL_append = " qtbase qt5everywheredemo"
```

> **REMARQUE**
>
> Lors de la production de l'image, nous avons obtenu une erreur sur la compilation de la recette *qtbase*.
> make[2]: *** No rule to make target '.obj/qstring_compat.o', needed by '../../ lib/libQt5Core.so.5.7.1'. Stop.
> Après consultation des forums, nous avons pu régler le problème en ajoutant l'option -no-use-gold-linker à la fonction do_configure() de la recette qt_base_git.bb.

Pour ce test, il est également nécessaire d'allouer plus de mémoire à la GPU de la Raspberry Pi 3, en ajoutant la ligne `gpu_mem=128` au fichier `config.txt`.

Après démarrage de la carte, on peut réaliser le test avec les lignes suivantes :

```
# export QT_QPA_PLATFORM=eglfs
# cd /usr/share/qt5everywheredemo-1.0
# ./QtDemo
```

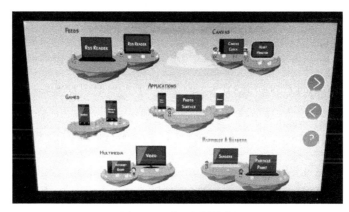

Démonstration Qt5/EGLFS

Image et « distro »

Pour l'instant, nous avons la plupart du temps utilisé l'image *core-image-minimal* pour réaliser nos tests (à l'exception de *core-image-x11* pour le test avec X11). Le paramétrage de l'image finale était réalisé avec le fichier `local.conf`. Cette méthode est réservée à la phase de développement, car le répertoire de compilation (soit `rpi3-build` dans notre cas) n'est pas sous gestion de configuration et peut être effacé à tout moment. Il est donc primordial de construire une recette intégrant les recettes et « features » nécessaires à la construction de l'image finale. Le fichier `local.conf` doit seulement contenir des lignes n'ayant pas leur place dans une recette, par exemple :

```
MACHINE = "raspberrypi3"
INHERIT += "rm_work"
ENABLE_UART = "1"
```

On peut également y trouver des directives concernant le choix du format des paquets à produire (RPM, IPK, DEB) ou bien concernant la gestion des licences (voir fin du chapitre).

La couche *meta-raspberrypi* fournit quelques exemples d'images simples :

```
$ cd <path>/meta-raspberrypi/recipes-core/images
$ ls -1
rpi-basic-image.bb
rpi-hwup-image.bb
rpi-test-image.bb
```

La recette `rpi-hwup-image.bb` correspond simplement à *core-image-minimal*, à laquelle on ajoute les modules du noyau :

```
# Base this image on core-image-minimal
include recipes-core/images/core-image-minimal.bb

# Include modules in rootfs
IMAGE_INSTALL += " \
  kernel-modules \
  "
```

La recette `rpi-basic-image.bb` utilise la recette suivante et ajoute l'écran de démarrage *(splash screen)*, ainsi qu'un serveur SSH :

```
# Base this image on rpi-hwup-image
include rpi-hwup-image.bb

SPLASH = "psplash-raspberrypi"

IMAGE_FEATURES += "ssh-server-dropbear splash"
```

Enfin, `rpi-test-image.bb` utilise la recette précédente et introduit la notion de « package group » que nous décrirons dans quelques lignes :

```
# Base this image on rpi-basic-image
include rpi-basic-image.bb

IMAGE_INSTALL_append = " packagegroup-rpi-test"
```

On peut créer dans notre couche *meta-le5* une recette d'image qui intègre les modules du noyau et quelques-unes de nos recettes de test :

```
$ cd meta-le5
$ cat recipes-core/images/rpi-le5-image.bb
# Base this image on core-image-minimal
include recipes-core/images/core-image-minimal.bb
```

```
IMAGE_INSTALL += " \
   kernel-modules \
   mypack-auto mypack-gen hello-mod \
   "

IMAGE_FEATURES += "package-management"
```

On peut donc créer la nouvelle image avec bitbake, puis la copier sur une micro-SD avec la commande dd :

```
$ bitbake rpi-le5-image
```

Notion de « package group »

Un « package group » est un ensemble de recettes que l'on définit en utilisant la classe *packagegroup*. On peut alors ajouter le groupe à une recette d'image en utilisant simplement la variable IMAGE_INSTALL. Les groupes définis par Yocto sont dans meta/recipes-*/packagegroups, mais on peut bien entendu en créer dans des couches ajoutées, comme nous venons de le voir pour *packagegroup-rpi-test*. Le groupe définit des recettes à dépendance forte (RDEPENDS) ou bien optionnelles (RRECOMMENDS). Créons un groupe dans notre couche de test ; nous constatons qu'il contient les mêmes recettes que dans l'exemple précédent.

```
$ cat recipes-core/packagegroups/packagegroup-le5.bb
DESCRIPTION = "Package group for LE5 demo image"
LICENSE = "MIT"

inherit packagegroup

PACKAGES = "packagegroup-le5"

RDEPENDS_${PN} = "kernel-modules \
   mypack-auto mypack-gen hello-mod \
"

RRECOMMENDS_${PN} = "mypack-gen (>= 1.1)"
```

On définit ensuite une nouvelle recette d'image utilisant ce groupe :

```
$ cat images/rpi-le5-image-pg.bb
# Base this image on core-image-minimal
include recipes-core/images/core-image-minimal.bb

IMAGE_FEATURES += "package-management"

IMAGE_INSTALL += "packagegroup-le5"
```

Notion de « distro »

Jusqu'à présent, nous avons volontairement évoqué la notion d'*image* et non de *distribution*. Yocto utilise par défaut la distribution *Poky*, dont les paramètres sont définis dans meta-poky/conf/distro/poky.conf. On note la présence de trois variantes de la distribution Poky :

```
$ ls -1 meta-poky/conf/distro/
include
poky-bleeding.conf
poky.conf
poky-lsb.conf
poky-tiny.conf
```

La distribution *Poky-tiny* est une version réduite de Poky, comme on peut le voir au début du fichier poky-tiny.conf. La directive require indique que cette distribution est basée sur Poky, ce qui est fréquemment le cas, même s'il est possible de créer une autre distribution originale (des distributions autres que Poky sont basées sur Yocto).

```
# The policies defined are intended to meet the following goals:
# o Serial consoles only (no framebuffer or VGA console)
# o Basic support for IPV4 networking
# o Single user ash shell
# o Static images (no support for adding packages or libraries later)
# o Read-only or RAMFS root filesystem
# o Combined Linux kernel + rootfs in under 4MB
# o Allow the user to select between eglibc and uclibc with the TCLIBC
variable
...
require conf/distro/poky.conf
DISTRO = "poky-tiny"
TCLIBC = "musl"
...
```

Encore une fois, nous pouvons proposer un exemple simple de distribution nommé *le5-distro*, à ajouter à *meta-le5*. Le fichier de configuration est défini dans meta-le5/conf/distro/le5-distro.conf :

```
$ cd <path>/meta-le5
$ cat conf/distro/le5-distro.conf
require conf/distro/poky.conf
DISTRO = "le5-distro"
DISTRO_NAME = "Poky based LE5 example distribution"
DISTRO_VERSION = "1.0+snapshot-${DATE}"
```

La recette de l'image associée est définie ci-après :

```
$ cat recipes-core/images/le5-distro-image.bb
DESCRIPTION = "LE5 distro image"
include rpi-le5-image.bb
```

On ajoute la ligne DISTRO = "le5-image" au fichier local.conf, puis on crée l'image par la commande suivante :

```
$ bitbake le5-distro-image
```

Après démarrage de la cible, on note la nouvelle bannière :

```
Poky based LE5 example distribution 1.0:snapshot-20170707 raspberrypi3 /dev/ttyS0

raspberrypi3 login:
```

Création et utilisation du SDK

Le compilateur croisé est produit lors de la première compilation de l'image (dans tmp/sysroots), mais cette version n'est pas utilisable à l'extérieur de l'environnement Yocto, donc inutilisable pour développer des applications. Il est cependant possible de créer un compilateur croisé (SDK) que l'on pourra installer sur une machine compatible, même si elle ne dispose pas de l'environnement Yocto. Une version « minimale » du SDK peut être obtenue par la commande suivante :

```
bitbake meta-toolchain
```

Cette commande produit une archive du SDK dans tmp/deploy/sdk (sous la forme d'un script-shell à exécuter).

Une option plus avancée crée un SDK contenant également les bibliothèques installées sur la cible par des recettes ajoutées (par exemple, la bibliothèque correspondant à notre recette de test *bbexample-lib*) :

```
$ bitbake -c populate_sdk <nom-recette-distribution>
```

Par défaut, le SDK est adapté à l'architecture du système de développement, soit le plus souvent *x86_64*. On peut cependant produire un SDK pour une autre architecture – par exemple, *i686* (32 bits) – en ajoutant une ligne au fichier local.conf :

```
SDKMACHINE = "i686"
```

Certaines couches fournissent une recette pour construire un SDK lorsqu'il nécessite des fichiers de configuration spéciaux. À titre d'exemple, la couche Qt *meta-qt5* fournit une recette *meta-toolchain-qt5*.

L'installation du SDK s'effectue en exécutant le script produit dans tmp/deploy/sdk :

```
$ sudo tmp/deploy/sdk/poky-glibc-x86_64-meta-toolchain-
cortexa7hf-neon-vfpv4-toolchain-2.2.2.sh
Poky (Yocto Project Reference Distro) SDK installer version 2.2.2
================================================================
Enter target directory for SDK (default: /opt/poky/2.2.2):
You are about to install the SDK to "/opt/poky/2.2.2". Proceed[Y/n]? y
Extracting SDK...................done
Setting it up...done
SDK has been successfully set up and is ready to be used.
Each time you wish to use the SDK in a new shell session, you
need to source the environment setup script e.g.
$ . /opt/poky/2.2.2/environment-setup-cortexa7hf-neon-vfpv4-poky-
linux-gnueabi
```

Le SDK est installé par défaut sur /opt/poky/<version-yocto>. Sur ce répertoire, un script environment-setup-<architecture> permet de charger dans la session courante (shell) les variables d'environnement nécessaires – dont CC – avec la commande source. Dans notre cas, on peut faire ce qui suit :

```
$ source /opt/poky/2.2.2/environment-setup-cortexa7hf-neon-vfpv4-
poky-linux-gnueabi
```

Compilons un programme d'exemple que l'on pourra exécuter sur la cible, l'utilisation de la variable CC étant obligatoire :

```
$ $CC -o helloworld helloworld.c
```

```
$ file helloworld
helloworld: ELF 32-bit LSB executable, ARM, EABI5 version 1 (SYSV),
dynamically linked, interpreter /lib/ld-linux-armhf.so.3, for GNU/
Linux 3.2.0,
BuildID[sha1]=8bc86a700b60035cf2b87859e847e9fdffcedc8d, not stripped
```

REMARQUE

Presque tous les développeurs utilisent des outils dans lesquels on devra intégrer le SDK produit par Yocto. Nous avons évoqué Autotools et CMake, mais des IDE graphiques comme Eclipse sont très fréquemment utilisés. Yocto fournit un « plug-in » simple à installer sur une version récente d'Eclipse (Neon). Cette fonctionnalité nécessite l'ajout de la « feature » *eclipse-debug* à l'image produite. Une documentation détaillée est disponible sur http://www.yoctoproject.org/docs/2.2.2/sdk-manual/sdk-manual.html.

Outils et sujets divers

Nous allons terminer ce long chapitre par quelques sujets de moindre importance, mais susceptibles de se révéler utiles lors d'un projet. Notons que d'autres points seront évoqués lors d'une étude de cas proposée à la fin de l'ouvrage. Nous verrons entre autres comment mettre en place une connexion Wi-Fi.

Gestion des licences « commerciales »

La prise en compte des licences est un sujet important lorsque l'on travaille dans l'environnement libre. Dans le présent chapitre, nous avons également évoqué le répertoire `tmp/deploy/licenses`, qui contient la liste des fichiers de licences extraits des archives des différents composants.

Par défaut, Yocto interdit l'intégration dans une image de composants dont la licence n'est pas libre. On peut cependant trouver la directive `LICENSE_FLAGS = "commercial"` dans certaines recettes, par exemple dans `meta/recipes-multimedia`. Cette directive indique des restrictions quant à la redistribution d'un composant, même si la licence initiale est « libre ». Si l'on désire intégrer de tels composants à une image, il faut ajouter la directive suivante au fichier `local.conf` :

```
LICENCE_FLAGS_WHITELIST = "commercial"
```

Paramètres nationaux

L'image produite par Yocto est bien entendu prévue par défaut pour la langue anglaise/américaine au niveau des paramètres locaux (configuration du clavier, messages). Si l'on désire ajouter d'autres configurations (par exemple, langues française et allemande), on devra tout d'abord ajouter la ligne suivante au fichier `local.conf` :

```
IMAGE_LINGUAS = "fr-fr de-de"
```

Yocto produit un paquet correspondant aux paramètres nationaux pour *chaque* composant. Nous pouvons consulter ci-après le paquet correspondant aux « locales » de la commande `flex` :

```
$ rpm -qpl tmp/deploy/rpm/cortexa7hf_neon_vfpv4/flex-locale-fr-2.6.0-r0.
cortexa7hf_neon_vfpv4.rpm
/usr
/usr/share
/usr/share/locale
```

```
/usr/share/locale/fr
/usr/share/locale/fr/LC_MESSAGES
/usr/share/locale/fr/LC_MESSAGES/flex.mo
```

En cas d'utilisation d'une console graphique (type framebuffer), il est également nécessaire d'appliquer la bonne configuration du clavier national. Pour ce faire, on ajoutera la recette *keymaps* à l'image :

```
IMAGE_INSTALL_append = " keymaps"
```

Cela a pour effet d'intégrer le paquet suivant :

```
$ rpm -qpl tmp/deploy/rpm/cortexa7hf_neon_vfpv4/kbd-keymaps-
2.0.3-r0.cortexa7hf_neon_vfpv4.rpm
/usr/share
/usr/share/keymaps
/usr/share/keymaps/amiga
/usr/share/keymaps/amiga/amiga-de.map.gz
/usr/share/keymaps/amiga/amiga-us.map.gz
/usr/share/keymaps/atari
/usr/share/keymaps/atari/atari-de.map.gz
/usr/share/keymaps/atari/atari-se.map.gz
/usr/share/keymaps/atari/atari-uk-falcon.map.gz
/usr/share/keymaps/atari/atari-us.map.gz
/usr/share/keymaps/i386
/usr/share/keymaps/i386/azerty
/usr/share/keymaps/i386/azerty/azerty.map.gz
/usr/share/keymaps/i386/azerty/be-latin1.map.gz
/usr/share/keymaps/i386/azerty/fr-latin1.map.gz
...
```

Un des fichiers de configuration peut alors être chargé avec la commande loadkeys, soit par exemple :

```
root@raspberrypi3:~# loadkeys /usr/share/keymaps/i386/azerty/fr-
latin1.map.gz
```

Assurance qualité (QA) et intégration continue

Comme nous l'avons dit plusieurs fois dans cet ouvrage, Yocto – en tant que « build system » – est avant tout un outil de production et d'intégration, et non de développement. De nombreux industriels utilisent une approche d'intégration continue (CI) afin de garantir le meilleur délai de mise à jour possible pour l'image installée. En effet, Yocto (et Linux en général) est souvent utilisé pour des équipements sensibles et/ou isolés – ce qui limite les possibilités d'intervention manuelle, comme on peut l'envisager pour un PC « desktop » ou un serveur.

QA

Le terme « QA » est fréquemment utilisé dans Yocto, et l'on voit parfois passer des messages d'avertissement (ou d'erreur) à ce sujet. Le but de cette étape est de vérifier la qualité des recettes par rapport à des règles définies en interne. Les tests de QA sont définis dans la classe *insane*. Les deux variables WARN_QA et ERROR_QA définissent les tests QA produisant respectivement un avertissement et une erreur. La liste est donnée ci-après et l'on retrouve des points déjà évoqués, comme le test du checksum du fichier de licence ou bien la vérification de la variable LDFLAGS :

```
WARN_QA ?= "ldflags useless-rpaths rpaths staticdev libdir xorg-driver-abi \
            textrel already-stripped incompatible-license files-invalid \
            installed-vs-shipped compile-host-path install-host-path \
            pn-overrides infodir build-deps file-rdeps \
            unknown-configure-option symlink-to-sysroot multilib \
            invalid-packageconfig host-user-contaminated \
            "
ERROR_QA ?= "dev-so debug-deps dev-deps debug-files arch pkgconfig la \
            perms dep-cmp pkgvarcheck perm-config perm-line perm-link \
            split-strip packages-list pkgv-undefined var-undefined \
            version-going-backwards expanded-d invalid-chars \
            license-checksum dev-elf \
            "
```

On peut cependant éviter un ou plusieurs test(s) pour une recette donnée, avec la directive suivante :

```
INSANE_SKIP_${PN} += "dev-so ldflags "
```

Intégration continue

La production de l'image en mode intégration continue est souvent réalisée par un outil de type Jenkins, qui est certainement l'outil libre le plus connu dans le domaine. Yocto utilise cependant un autre outil, nommé Autobuilder (http://autobuilder.yoctoproject. org/pub/nightly).

La qualité de l'image est déterminée à deux niveaux :

- qualité des composants intégrés à l'image (test unitaire) ;
- test global de l'image : démarrage, réseau, services, etc.

Test unitaire (Ptest)

Le test unitaire est pris en compte au niveau de la phase de développement, mais Yocto est capable d'exécuter les tests lors de la phase d'intégration. Considérons le programme fahr, qui convertit les degrés Celsius en Fahrenheit (deuxième exemple du fameux ouvrage *The C programming language*, de Dennis Ritchie). L'arborescence du projet est la suivante.

```
$ tree fahr-1.0/
fahr-1.0/
├ COPYING
├ fahr
├ fahr.c
├ Makefile
├ runtest.sh
└ test.dat
```

Si l'on compile le programme par make, on obtient :

```
$ cd fahr-1.0/
$ make
cc -02        fahr.c     -o fahr
$ ./fahr 20
68
```

Nous prévoyons un script de test unitaire runtest.sh utilisant le fichier test.dat, qui contient une liste de températures à tester :

```
$ cat test.dat
10    50
20    68
30    86
$ ./runtest.sh
Testing 10 OK
Testing 20 OK
Testing 30 OK
```

Nous pouvons désormais intégrer ce projet à Yocto, en écrivant la recette correspondante et en l'intégrant à la couche *meta-le5* :

```
$ cd <path>/meta-le5/recipes-core/fahr
$ tree .
.
├ fahr_1.0.bb
└ files
  └ run-ptest
```

Le contenu du fichier .bb est le suivant :

```
$ cat fahr_1.0.bb
DESCRIPTION = "Celsius to Fahrenheit converter"
LICENSE = "GPLv2"
LIC_FILES_CHKSUM
= "file://COPYING;md5=8ca43cbc842c2336e835926c2166c28b"
PR = "r0"
```

```
inherit ptest

SRC_URI = "http://pficheux.free.fr/pub/tmp/fahr-1.0.tar.gz
file://run-ptest"

do_install() {
        oe_runmake install DESTDIR=${D}
}

do_install_ptest () {
        cp ${B}/runtest.sh ${D}${PTEST_PATH}/
        cp ${B}/test.dat ${D}${PTEST_PATH}/
}

SRC_URI[md5sum] = "f77329951bdbb0b7d21f4f24db03eaa6"
```

On note l'utilisation de la classe *ptest*, ainsi que la présence d'un fichier run-ptest. De même, on installe les fichiers correspondant au test unitaire au moyen de la fonction do_install_ptest(). Le script exécute simplement la procédure, comme nous l'avions précédemment fait en dehors de Yocto :

```
$ cat files/run-ptest
#!/bin/sh

./runtest.sh | grep KO 1> /dev/null 2>&1
if [ $? -eq 1 ]; then
    echo "PASS"
else
    echo "FAILED"
fi
```

De nombreux composants standards dans Poky sont déjà intégrés à Ptest. Le test de notre nouveau composant nécessite d'ajouter les lignes suivantes à local.conf :

```
# Ptest
IMAGE_INSTALL_append = " fahr"
DISTRO_FEATURES_append = " ptest ptest-pkgs"
EXTRA_IMAGE_FEATURES += "ptest-pkgs"
```

Sur la cible, les fichiers correspondants – dont ceux de notre application – sont dans /usr/lib avec un script run-ptest par composant :

```
root@raspberrypi3:~# find /usr/lib -name run-ptest
/usr/lib/kbd/ptest/run-ptest
/usr/lib/libpcre/ptest/run-ptest
...
/usr/lib/fahr/ptest/run-ptest
...
```

Si nous considérons le programme fahr, le répertoire contient les fichiers nécessaires au test unitaire :

```
root@raspberrypi3:~# ls -1 /usr/lib/fahr/ptest/
run-ptest
runtest.sh
test.dat
```

On lance le test :

```
root@raspberrypi3:~# ptest-runner fahr
START: ptest-runner
2017-07-08T05:11
BEGIN: /usr/lib/fahr/ptest
PASS
END: /usr/lib/fahr/ptest
2017-07-08T05:11
STOP: ptest-runner
```

Dans le cadre d'une automatisation, il est préférable d'effectuer le test depuis la machine de développement via SSH :

```
$ ssh root@<adresse-IP-cible> ptest-runner fahr
```

La liste des tests est disponible par la commande suivante :

```
$ ssh root@<adresse-IP-cible> ptest-runner -l
Available ptests:
acl     /usr/lib/acl/ptest/run-ptest
attr    /usr/lib/attr/ptest/run-ptest
busybox /usr/lib/busybox/ptest/run-ptest
...
```

On réalise l'ensemble des tests par :

```
$ ssh root@<adresse-IP-cible> ptest-runner
```

Test de l'image (testimage)

Outre le test unitaire, Yocto fournit la classe *testimage* permettant de réaliser des tests d'intégration de la distribution. Le test est réalisé par la commande qui suit pour une plate-forme émulée (cible *qemux86*). Il suffit pour cela d'ajouter les lignes suivantes au fichier local.conf :

```
INHERIT += "testimage"
EXTRA_IMAGE_FEATURES += "ssh-server-dropbear allow-empty-password
empty-root-password"
TEST_SUITES_append = " ssh"
```

On indique tout d'abord l'utilisation de *testimage*. On précise ensuite que l'on ajoute le serveur SSH à la distribution, puis que ce dernier sera testé (sachant que ce test existe déjà dans Yocto). Dans le cas de QEMU, la communication avec la cible émulée s'effectue par une interface virtuelle tap0. Pour créer l'interface, on utilise un script fourni avec Yocto. Les paramètres 1 000 correspondent aux identifiants utilisateur et groupe. 1 est le nombre d'interfaces à créer, et le chemin d'accès au « sysroot » permet d'utiliser la commande tunctl construite dans Yocto :

```
$ sudo ../scripts/runqemu-gen-tapdevs 1000 1000 1
./tmp/sysroots/x86_64-linux/
```

Suite à cela, la nouvelle interface est présente et on peut dérouler le test :

```
$ ifconfig tap0
tap0      Link encap:Ethernet  HWaddr 7e:6d:8b:82:7f:a8
          inet adr:192.168.7.1  Bcast:192.168.7.255
          Masque:255.255.255.255
          adr inet6: fe80::7c6d:8bff:fe82:7fa8/64 Scope:Lien
          UP BROADCAST MULTICAST  MTU:1500  Metric:1
          Packets reçus:45 erreurs:0 :0 overruns:0 frame:0
          TX packets:88 errors:0 dropped:0 overruns:0 carrier:0
          collisions:0 lg file transmission:1000
          Octets reçus:6858 (6.8 KB) Octets transmis:13961
          (13.9 KB)

$ bitbake -c testimage core-image-minimal
...
core-image-minimal-1.0-r0 do_testimage: test_ping
(oeqa.runtime.ping.PingTest) … ok
core-image-minimal-1.0-r0 do_testimage: test_ssh
(oeqa.runtime.ssh.SshTest) … ok
core-image-minimal-1.0-r0 do_testimage:
core-image-minimal-1.0-r0 do_testimage:
------------------------------------------------------------
core-image-minimal-1.0-r0 do_testimage: Ran 2 tests in 0.876s
core-image-minimal-1.0-r0 do_testimage:
core-image-minimal-1.0-r0 do_testimage: OK
core-image-minimal-1.0-r0 do_testimage: core-image-minimal - Ran
2 tests in 0.877s
core-image-minimal-1.0-r0 do_testimage: core-image-minimal - OK -
All required tests passed
```

Dans notre cas, nous avons déroulé *test_ping* (réseau) et *test_ssh*, le deuxième dépendant du premier pour des raisons évidentes !

Les tests fournis sont placés dans meta/lib/oeqa :

```
$ ls -l meta/lib/oeqa/
total 80
drwxrwxr-x 2 pierre pierre  4096 avril 14 11:10 buildperf
drwxrwxr-x 3 pierre pierre  4096 avril 14 13:36 controllers
-rw-rw-r-- 1 pierre pierre 25772 avril 14 11:10 oetest.py
drwxrwxr-x 2 pierre pierre  4096 avril 18 15:10 __pycache__
-rwxrwxr-x 1 pierre pierre  5433 avril 14 11:10 runexported.py
drwxrwxr-x 4 pierre pierre  4096 avril 27 11:59 runtime
drwxrwxr-x 2 pierre pierre  4096 avril 14 11:10 sdk
drwxrwxr-x 4 pierre pierre  4096 avril 14 13:36 sdkext
drwxrwxr-x 2 pierre pierre  4096 avril 14 11:10 selftest
-rw-rw-r-- 1 pierre pierre  9572 avril 14 11:10 targetcontrol.py
drwxrwxr-x 3 pierre pierre  4096 avril 14 13:36 utils
```

D'autres tests sont cependant disponibles pour la phase de construction de la distribution, et l'on pourrait ajouter des tests spécifiques dans le répertoire meta-le5/lib/oeqa/runtime. Les tests correspondent à des scripts Python. On aura par exemple runtime/ping.py (test réseau) :

```python
import subprocess
import unittest
import sys
import time
from oeqa.oetest import oeRuntimeTest
from oeqa.utils.decorators import *

class PingTest(oeRuntimeTest):

    @testcase(964)
    def test_ping(self):
        output = ''
        count = 0
        endtime = time.time() + 60
        while count<5 and time.time()<endtime:
            proc = subprocess.Popen("ping -c 1 %s" % self.target.ip,
shell=True, stdout=subprocess.PIPE)
            output += proc.communicate()[0].decode("utf-8")
            if proc.poll()==0:
                count += 1
            else:
                count = 0
        self.assertEqual(count, 5, msg = "Expected 5 consecutive
replies, got %d.\nping output is:\n%s" % (count,output))
```

Les tests peuvent être dépendants, par exemple dans le cas du test SSH lié au précédent :

```
class SshTest(oeRuntimeTest):

    @testcase(224)
    @skipUnlessPassed('test_ping')
    ...
```

Conclusion

Nous avons vu dans ce chapitre que Yocto nécessitait un plus grand investissement pour sa prise en main, si l'on compare avec Buildroot qui est basé sur une interface graphique de configuration. Cependant, son approche très modulaire et sa large utilisation du principe d'héritage en font un outil très puissant pour la maintenance d'une offre logicielle variée (plusieurs cartes et plusieurs projets).

Autre point et non des moindres, Yocto est de nos jours utilisé par la plupart des fournisseurs de matériel, et une connaissance de base de cet outil est nécessaire pour l'exploitation du BSP fourni. Enfin, Yocto est à la base de plusieurs produits commerciaux (Wind River, Mentor Graphics, etc.), ce qui permettra de migrer sans trop d'efforts les travaux réalisés vers ces environnements si cela s'avère nécessaire.

Points clés

- La prise en main de Yocto est beaucoup plus ardue que celle de Buildroot, car Yocto est basé sur des variables d'environnement.
- Yocto construit une image intégrant le plus souvent un système de gestion de paquets.
- L'approche très modulaire de Yocto permet de trouver de nombreuses contributions (layers) externes.
- La mise à jour des layers externes – y compris des BSP – est souvent beaucoup plus lente que l'évolution du projet Yocto lui-même.

Exercices

Exercice 1 (*)

Utilisez la méthode des fragments de configuration afin d'ajouter la commande ar à BusyBox.

Exercice 2 (**)

Réalisez une recette pour la bonne vieille application X11 « xeyes ».

7

Utiliser U-Boot

Jusqu'à présent, nous n'avons pas utilisé de *bootloader*, car la carte Raspberry Pi 3 utilise un *firmware* interne pour démarrer le noyau Linux. Cependant, les cartes ARM nécessitent pour la plupart un bootloader (en général U-Boot) et le sujet se doit donc d'être maîtrisé par tout spécialiste qui se respecte. Dans ce chapitre, nous étudierons U-Boot dans le cas de la carte BeagleBone Black (BBB) déjà citée au début de l'ouvrage. Nous dirons également quelques mots sur l'utilisation d'U-Boot dans le cas de matériel plus ancien utilisant une mémoire flash NOR ou NAND (cas étudié dans les précédentes éditions de l'ouvrage).

Introduction à U-Boot

Le nom U-Boot signifie *Universal Bootloader*, car il peut être utilisé sur la majorité des architectures du marché (ARM, PowerPC, MIPS, SH4 et même x86). Le projet est maintenu par la société DENX Software, et la documentation complète est disponible à l'adresse http://www.denx.de/wiki/DULG/Manual.

Malgré le projet *Barebox*, nommé initialement U-Boot v2 et maintenu par la société Pengutronix, le projet U-Boot est toujours très actif, avec une version stable environ tous les deux mois, la dernière étant la 2017.07, compatible avec plus de 1 100 cartes. U-Boot est donc resté universel, et pour longtemps !

> **U-Boot, was ist das ?**
>
> En raison des origines germaniques de ce projet, le nom U-Boot est également un jeu de mots avec le terme qui désigne les sous-marins allemands des deux guerres mondiales *(Unterseeboote)*.

L'utilisation du bootloader U-Boot est assez simple pour un développeur habitué à l'environnement Linux, car la syntaxe est assez similaire – toutes proportions gardées – à celle d'un interpréteur de commandes comme sh ou bash. Nous résumons ci-après les principes généraux de cet outil.

- U-Boot utilise des variables d'environnement, que l'on peut affecter avec la commande setenv et afficher avec la commande printenv. On utilise le contenu d'une variable dans une commande avec la syntaxe ${nom_variable}. On enregistre l'ensemble des variables par la commande saveenv. Une zone de la mémoire flash est réservée à la sauvegarde de la configuration. Dans le cas des cartes récentes, on utilise un fichier nommé uboot.env.

- U-Boot utilise un certain nombre de variables prédéfinies, mais on peut en ajouter autant que l'on veut, dans la limite de la mémoire disponible. Pour effacer une variable, il suffit de lui affecter comme valeur une chaîne de caractères vide.

- Les commandes peuvent être abrégées s'il n'y a pas d'ambiguïté, comme pri pour printenv ou tftp pour tftpboot.

- Il est possible de définir des variables comme des macro-instructions exécutant une suite de commandes. La macro-instruction est exécutée en utilisant la commande run. Sur certaines cartes utilisant des flash NOR ou NAND, il est utile de définir des macros pour mettre à jour le noyau Linux ou le root-filesystem, car cette opération correspond à un long enchaînement de commandes : chargement de l'image en RAM depuis le PC de développement par TFTP *(Trivial FTP)*, effacement de la zone de mémoire flash correspondante et, finalement, copie des données de la RAM vers la mémoire flash.

Test sur BeagleBone Black

Toutes les distributions Linux fonctionnant sur BBB utilisent U-Boot, qui peut être installé soit sur une micro-SD, soit sur la flash interne de type eMMC *(embedded Multi-Media Card)*. Pour notre test, nous utiliserons une micro-SD, qui est également une MMC. La distribution est créée avec Buildroot 2017.05, en utilisant une configuration dérivée du fichier beaglebone_defconfig. Cette nouvelle configuration utilise la chaîne Linaro et un noyau *mainline* version 4.6 en remplacement du noyau fourni par TI.

L'accès à U-Boot sur BBB nécessite la mise en place d'une console à l'aide d'un câble identique à celui utilisé pour la série des Raspberry Pi et disponible sur https://www.adafruit.com/product/954. En France, ce câble est en vente chez nos amis

toulousains de Snootlab, sur http://snootlab.com/adafruit/395-cable-console-raspberry-pi-usb-to-ttl-fr.
html. La figure suivante indique comment connecter le câble au connecteur J1 de la
carte (de gauche à droite : fils vert, blanc, noir).

Connexion du câble console BBB

Comme la Raspberry Pi, la BBB utilise le plus souvent deux partitions, la première au
format VFAT contenant les éléments pour démarrer (image U-Boot, noyau, fichiers
device tree), la deuxième au format EXT4 contenant le root-filesystem.

```
# ls -1 /boot
MLO
am335x-bone.dtb
am335x-boneblack.dtb
am335x-bonegreen.dtb
am335x-evm.dtb
am335x-evmsk.dtb
u-boot.img
uEnv.txt
zImage
```

La première étape est le chargement du SPL *(Secondary Program Loader)*, qui correspond au fichier MLO. L'étape suivante est le chargement d'U-Boot (soit le fichier
u-boot.img). Le bootloader tente de charger deux fichiers de configuration, uboot.env
et boot.scr, qui sont actuellement absents. Il finit par utiliser la configuration définie
dans le fichier uEnv.txt et par exécuter le noyau Linux.

```
U-Boot SPL 2016.09.01 (Jul 21 2017 - 14:50:34)
Trying to boot from MMC1
reading args

U-Boot 2016.09.01 (Jul 21 2017 - 14:50:34 +0200)

DRAM:  512 MiB
NAND:  0 MiB
```

```
MMC:    OMAP SD/MMC: 0, OMAP SD/MMC: 1
reading uboot.env

** Unable to read "uboot.env" from mmc0:1 **
Using default environment

Net:    Could not get PHY for ethernet@4a100000: addr 0

Warning: ethernet@4a100000 using MAC address from ROM
eth0: ethernet@4a100000
Hit any key to stop autoboot: 2 ### 1 ### 0
switch to partitions #0, OK
mmc0 is current device
SD/MMC found on device 0
reading boot.scr
** Unable to read file boot.scr **

reading uEnv.txt
186 bytes read in 6 ms (30.3 KiB/s)
Loaded env from uEnv.txt
Importing environment from mmc0 ...
Running uenvcmd ...
reading /zImage
5124168 bytes read in 333 ms (14.7 MiB/s)
reading /am335x-boneblack.dtb
32577 bytes read in 10 ms (3.1 MiB/s)
bootargs=console=tty00,115200n8 root=/dev/mmcblk0p2 rw rootfstype=ext4
rootwait
## Flattened Device Tree blob at 88000000
   Booting using the fdt blob at 0x88000000
   Loading Device Tree to 8fff5000, end 8fffff40 ... OK

Starting kernel ...

[    0.000000] Booting Linux on physical CPU 0x0
[    0.000000] Linux version 4.6.0 (pierre@pierre-N24-25JU) (gcc version
6.3.1 20170109 (Linaro GCC 6.3-2017.02) ) #1 SMP Fri Jul 21 15:49:12
...
```

Compilation d'U-Boot

La carte étant fonctionnelle, on peut tenter de compiler U-Boot à partir des sources. Pour cela, on utilise de nouveau le compilateur Linaro déjà évoqué. Comme pour les noyaux Linux, Buildroot ou BusyBox, la configuration utilise un fichier de type defconfig.

```
$ git clone git://git.denx.de/u-boot.git
$ git checkout -b v2016.09.01 v2016.09.01

$ export ARCH=arm
$ export CROSS_COMPILE=arm-linux-gnueabihf-
```

```
$ make am335x_evm_defconfig
$ make
 ...
$ ls -l MLO u-boot.img
-rw-rw-r-- 1 pierre pierre  69764 juil. 21 17:12 MLO
-rw-rw-r-- 1 pierre pierre 623804 juil. 21 17:12 u-boot.img
```

Après mise à jour des deux fichiers sur la micro-SD, la carte doit fonctionner de nouveau, et seule la date de compilation d'U-Boot est modifiée.

```
U-Boot 2016.09.01 (Jul 21 2017 - 17:12:05 +0200)
...
=> bdinfo
arch_number = 0x00000E05
boot_params = 0x80000100
DRAM bank   = 0x00000000
-> start    = 0x80000000
-> size     = 0x20000000
baudrate    = 115200 bps
TLB addr    = 0x9FFF0000
relocaddr   = 0x9FF46000
reloc off   = 0x1F746000
irq_sp      = 0x9EF1D4E0
sp start    = 0x9EF1D4D0
Early malloc usage: 174 / 400
```

La configuration d'U-Boot utilise désormais le même principe que pour le noyau, soit la commande make menuconfig qui conduit à l'écran suivant. On pourra par exemple activer ou désactiver des commandes dans le menu *Command line interface*.

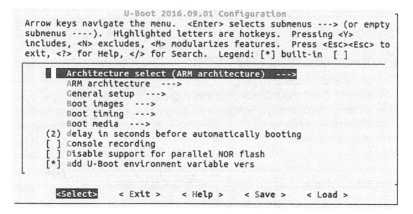

Menu de configuration U-Boot

Utilisation et configuration d'U-Boot

Après ce premier test, nous allons maintenant aller plus loin dans l'utilisation d'U-Boot. Le but est de pouvoir charger sur la carte un ensemble de variables qui permettront de démarrer la BBB, soit sur la micro-SD (comme actuellement), soit en NFS-Root.

La syntaxe d'U-Boot

Nous allons présenter ici quelques exemples de manipulations des variables d'environnement U-Boot. Nous fournirons ensuite la liste des principales commandes et variables standards d'U-Boot utilisées dans ce chapitre.

Exemples de manipulation

Lors de ces manipulations, nous remarquons avec plaisir qu'U-Boot dispose de l'historique et de la *complétion* des commandes (tout comme le shell Linux). Dans le cas de la commande saveenv, l'environnement est sauvegardé dans un fichier uboot.env, sur la partition VFAT.

Affichage de toutes les variables définies

```
=> printenv
arch=arm
args_mmc=run finduuid;setenv bootargs console=${console} ${optargs}
root=PARTUUID=${uuid} rw rootfstype=${mmcrootfstype}
baudrate=115200
board=am335x
...
Environment size: 8677/131068 bytes
```

Affichage et affectation d'une variable

```
=> printenv inconnue
## Error: "inconnue" not defined
=> setenv inconnue jeconnais
=> printenv inconnue
inconnue=jeconnais
```

Affectation d'une variable par le contenu d'une autre

```
=> setenv connue ${inconnue}
=> printenv connue
connue=jeconnais
```

Effacement d'une variable

```
=> setenv inconnue
=> printenv inconnue
## Error: "inconnue" not defined
```

Sauvegarde des modifications

```
=> saveenv
Saving Environment to FAT...
writing uboot.env
done
```

Pas de ligne vide sous U-Boot !

Nous pouvons remarquer que l'action sur la touche *Entrée/Return* du clavier répète la dernière commande. La notion de ligne vide n'existe pas dans l'interpréteur de commandes U-Boot.

Liste des principales commandes et variables

Les deux listes fournies ci-après ne sont pas exhaustives, et l'on pourra se référer à la documentation en ligne sur http://www.denx.de/wiki/DULG/Manual. De même, U-Boot fonctionnant sur de nombreuses cartes, certaines commandes peuvent ne pas exister, en particulier pour l'accès à la mémoire flash (NOR, NAND, eMMC).

Tableau 7-1. Liste des principales commandes U-Boot

printenv	Affichage du contenu d'une ou des variable(s)
setenv	Affectation d'une variable
saveenv	Sauvegarde des variables sur la mémoire flash (ou sur la partition VFAT)
run	Exécution d'une macro
help	Affichage de l'aide pour une commande (ou toutes les commandes)
tftpboot	Chargement puis démarrage d'un fichier en RAM par TFTP, par défaut ${bootfile}
boot	Exécution de la macro bootcmd
bootm	Démarrage d'une image au format U-Boot, par défaut ${loadaddr}
bootz	Démarrage d'une image compressée, par défaut ${loadaddr}
bdinfo	Affichage des informations concernant la carte
dhcp	Obtention d'une adresse dynamique et chargement du fichier ${bootfile}
Manipulation mémoire flash	**Description**
flinfo	Affichage des informations concernant la mémoire flash
nand write[.jffs2]	Écriture de données de la RAM vers la flash NAND
nand erase	Effacement de la flash NAND
cp.b, cp.w, cp.l	Copie de mémoire (exemple : de la RAM vers la flash NOR)
protect	Activation/désactivation de la protection de la mémoire flash (NOR)
erase	Effacement d'une zone de mémoire flash (NOR)
printenv	Affichage du contenu d'une ou des variable(s)

Manipulation eMMC	Description
`mmc`	Manipulation MMC (info, read, write, etc.)
`fatinfo, fatload, fatls, fatwrite`	Accès au filesystem VFAT (existe également avec EXT2 et EXT4)

Tableau 7-2. Liste des principales variables U-Boot

Variable	Description
`bootargs`	Paramètres du noyau Linux
`ipaddr`	Adresse IP de la carte
`serverip`	Adresse IP du serveur TFTP
`gatewayip`	Adresse IP de la passerelle par défaut
`bootfile`	Fichier par défaut chargé par la commande `tftpboot`
`bootcmd`	Macro appelée par la commande boot
`loadaddr`	Adresse de chargement en RAM par `tftpboot`
`ethaddr`	Adresse MAC de la carte
`filesize`	Taille du dernier fichier chargé par `tftpboot`
`autostart`	Démarrage automatique après un chargement par `tftpboot` (yes/no)

Création de macros

Une macro est une suite de commandes U-Boot. On définit une macro comme une variable (avec setenv) et on l'exécute avec run. Beaucoup sont déjà fournies, car intégrées à la configuration de la carte lors de la compilation. À titre d'exemple, considérons la macro netargs :

```
=> pri netargs
netargs=setenv bootargs console=${console} ${optargs} root=/dev/nfs
nfsroot=${serverip}:${rootpath},${nfsopts} rw
ip=dhcp
```

Le but de cette macro est d'affecter la variable bootargs correspondant aux paramètres passés au noyau lors du démarrage. Une macro peut utiliser des variables, mais également d'autres macros. La macro bootcmd est exécutée à l'exécution d'U-Boot, sauf si l'utilisateur tape sur une touche avant deux secondes.

```
=> pri bootcmd
bootcmd=run findfdt; run init_console; run envboot; run
distro_bootcmd
```

On peut également définir une macro comme étant le contenu – modifié ou non – d'une autre macro :

```
=> setenv default_boot ${bootcmd}
```

U-Boot permet d'écrire des expressions évoluées en utilisant l'interpréteur de commandes Hush *(Hyper utility shell)*. La macro suivante détermine le nom du fichier device tree à charger (fdtfile) en fonction du type de carte (board_name) :

```
=> pri findfdt
findfdt=if test $board_name = A335BONE; then setenv fdtfile am335x-bone.
dtb; fi;
if test $board_name = A335BNLT; then setenv fdtfile am335x-boneblack.dtb; fi;
if test $board_name = BBG1; then setenv fdtfile am335x-bonegreen.dtb; fi;
if test $board_name = A33515BB; then setenv fdtfile am335x-evm.dtb; fi;
if test $board_name = A335X_SK; then setenv fdtfile am335x-evmsk.dtb; fi;
if test $board_name = A335_ICE; then setenv fdtfile am335x-icev2.dtb; fi;
if test $fdtfile = undefined; then echo WARNING: Could not determine
device tree
```

La création de macros directement sur la carte peut être fastidieuse ; il existe une solution pour les créer sur le poste de développement, puis les intégrer à la configuration d'U-Boot. On utilise pour cela la commande mkimage produite avec U-Boot. Sur Ubuntu, on peut également installer mkimage avec le paquet *u-boot-tools*.

À titre d'exemple, nous créons un fichier macros.txt contenant la définition des variables et macros nécessaires à la sélection du type de démarrage évoqué précédemment (MMC ou NFS-Root). Nous constatons que le fichier correspond à un ensemble de commandes U-Boot. La sélection utilise la commande askenv, qui permet à l'utilisateur de saisir une chaîne de caractères. Si la valeur saisie vaut 1, on démarre sur la micro-SD (comme actuellement). Si la valeur vaut 2, on utilise la macro netboot pour démarrer par le réseau (TFTP et NFS-Root). Le root-filesystem réside dans le répertoire /home/stage/rootfs_bbb du serveur TFTP.

```
setenv rootpath /home/stage/rootfs_bbb
setenv bootfile zImage
setenv default_boot 'run findfdt; run init_console; run envboot; run distro_bootcmd'
setenv select_boot 'while true; do; askenv os; if test "${os}" = "1"; then
echo "SD"; run default_boot; elif test "${os}" = "2"; then echo "NFS"; run
netboot; else echo "Unknown OS !"; fi; done'
saveenv
```

On crée un fichier binaire macros.img compréhensible par U-Boot grâce à la commande mkimage :

```
$ mkimage -T script -d macros.txt macros.img
Image Name:
Created:        Fri Jul 21 23:10:31 2017
Image Type:     PowerPC Linux Script (gzip compressed)
Data Size:      361 Bytes = 0.35 kB = 0.00 MB
Load Address:   00000000
```

```
Entry Point:    00000000
Contents:
    Image 0: 353 Bytes = 0.34 kB = 0.00 MB
```

On copie le fichier binaire sur /tftpboot afin qu'il soit accessible par TFTP. Le répertoire doit contenir les éléments nécessaires au démarrage de la BBB.

```
$ sudo cp macros.img /tftpboot

$ ls -1 /tftpboot
total 5044
-rwxr-xr-x 1 root root   32577 juil. 21 21:31 am335x-boneblack.dtb
-rw-r--r-- 1 root root     425 juil. 21 23:10 macros.img
-rwxr-xr-x 1 root root 5124168 juil. 21 21:31 zImage
```

Si nous tentons de charger le fichier macros.img depuis la carte, nous obtenons une erreur, car le réseau n'est pas initialisé. La variable serverip correspond à l'adresse du serveur TFTP.

```
=> tftp ${loadaddr} macros.img
link up on port 0, speed 100, full duplex
*** ERROR: 'serverip' not set
```

La solution consiste à définir le fichier TFTP par défaut à macros.img, puis à utiliser dhcp afin de télécharger macros.img à l'adresse définie par loadaddr :

```
=> setenv bootfile macros.img;dhcp
link up on port 0, speed 100, full duplex
BOOTP broadcast 1
DHCP client bound to address 192.168.2.136 (14 ms)
Using ethernet@4a100000 device
TFTP from server 192.168.2.1; our IP address is 192.168.2.136
Filename 'macros.img'.
Load address: 0x82000000
Loading: #
         82 KiB/s
done
Bytes transferred = 423 (1a7 hex)
CACHE: Misaligned operation at range [82000000, 820001a7]
```

On exécute le contenu du fichier par la commande source :

```
=> source
## Executing script at 82000000
Saving Environment to FAT...
```

```
writing uboot.env
done

=> pri rootpath
rootpath=/home/stage/rootfs_bbb
```

On peut alors définir bootcmd en tant que nouvelle macro select_boot et redémarrer la carte :

```
=> setenv bootcmd 'run select_boot'
=> saveenv
Saving Environment to FAT...
writing uboot.env
done
=> reset
...

U-Boot 2016.09.01 (Jul 21 2017 - 17:12:05 +0200)

DRAM:   512 MiB
NAND:   0 MiB
MMC:    OMAP SD/MMC: 0, OMAP SD/MMC: 1
reading uboot.env
Net:    eth0: ethernet@4a100000
Hit any key to stop autoboot: 0
Please enter 'os':
```

Si l'on saisit la valeur 2, la BBB démarre en utilisant le réseau :

```
...
Welcome to Buildroot
buildroot login: root
# mount
192.168.2.1:/home/stage/rootfs_bbb on / type nfs
(rw,relatime,vers=2,rsize=4096,wsize=4096,namlen=255,hard,
nolock,proto=udp,timeo=11,retrans=3,sec=sys,
mountaddr=192.168.2.1,mountvers=1,mountproto=udp,
local_lock=all,addr=192.168.2.1)
devtmpfs on /dev type devtmpfs
(rw,relatime,size=240108k,nr_inodes=60027,
mode=755)
```

Utilisation d'une mémoire flash NOR

Certaines cartes disposent encore de mémoire flash NOR (ou plus fréquemment NAND) ; nous allons étudier le jeu de commandes utilisé pour la configuration d'une telle cible matérielle. Dans le cas d'une flash NOR, nous avons repris l'exemple de la carte Versatile PB émulée par QEMU et évoquée dans les précédentes éditions du livre.

Le noyau uImage et l'image du root-filesystem root.jffs2 sont produits par Buildroot. Le fichier uImage est créé à partir du fichier zImage par la commande mkimage. Le format JFFS2 *(Journalized Flash FileSystem v2)* était à l'époque le plus utilisé pour les systèmes embarqués sous Linux, mais il est désormais remplacé par UBIFS ou, plus souvent, EXT3/EXT4 dans le cas des flash eMMC.

> **REMARQUE**
>
> Nous ne donnerons pas plus de détails sur la construction de la distribution, car une telle configuration (flash NOR/NAND) est de plus en plus rare, voire obsolète (surtout pour la flash NOR). Le cas général est désormais celui décrit pour la carte BBB. Dans le cas d'une carte avec flash NAND, on peut consulter les nombreux exemples disponibles, par exemple l'article sur http://labs.kernelconcepts.de/Publications/Micro2440.

Comme pour la BBB, la commande bdinfo nous fournit l'identification de la carte :

```
Versatile # bdinfo
arch_number = 0x00000183
env_t       = 0x00000000
boot_params = 0x00000100
DRAM bank   = 0x00000000
-> start    = 0x00000000
-> size     = 0x00000000
ethaddr     = 00:00:00:00:00:00
ip_addr     = 0.0.0.0
baudrate    = 38400 bps
```

La commande flinfo indique que nous utilisons une flash CFI *(Common Flash Interface)* de 64 mégaoctets :

```
Versatile # flinfo

Bank # 1: CFI conformant FLASH (32 x 32)  Size: 64 MB
in 256 Sectors
   Intel Extended command set, Manufacturer ID: 0x12,
Device ID: 0x14
   Erase timeout: 16384 ms, write timeout: 3 ms
   Buffer write timeout: 3 ms, buffer size: 2048 bytes

   Sector Start Addresses:
...
```

Le test qui suit consiste à installer le système Linux (noyau et root-filesystem) sur la mémoire flash de la carte. Comme pour la BBB, nous utilisons pour cela le protocole TFTP. Un ensemble de variables et de macros est tout d'abord installé sur la cible. Le fichier macros.txt contient des paramètres généraux, mais également des macros pour effacer ou programmer la flash ou bien affecter la variable bootargs.

```
setenv bootfile uImage
setenv rootpath /home/stage/rootfs_qemu
setenv loadaddr 200000
setenv fileaddr 200000

setenv nfsargs 'setenv bootargs console=ttyAMA0 mem=32M
root=/dev/nfs nfsroot=${serverip}:${rootpath}
ip=${ipaddr}:::::eth0:off'

setenv flashargs 'setenv bootargs console=ttyAMA0 mem=32M
root=/dev/mtdblock2 rootfstype=jffs2
mtdparts=physmap-flash.0:0x80000(u-boot)ro,0x7c0000(kernel),
-(rootfs)'

setenv kern_erase 'protect off 1:2-32; erase 1:2-32'
setenv kern_write 'cp.b ${loadaddr} 34080000 ${filesize}; protect on 1:2-32'
setenv root_erase 'protect off 1:33-255; erase 1:33-255'
setenv root_write 'cp.b ${loadaddr} 34840000 ${filesize};
protect on 1:33-255'

saveenv
```

On charge le fichier macros.img produit par mkimage (même syntaxe que pour la BBB) par les commandes suivantes :

```
Versatile # setenv ipaddr 192.168.3.2
Versatile # setenv serverip 192.168.3.1

Versatile # tftp 200000 macros.img
Using MAC Address 52:54:00:12:34:56
TFTP from server 192.168.3.1; our IP address is 192.168.3.2
Filename 'macros.img'.
Load address: 0x200000
Loading: #
done
Bytes transferred = 751 (2ef hex)

Versatile # autoscr 200000
## Executing script at 00200000
Saving Environment to Flash...
Un-Protected 1 sectors
Erasing Flash...
. done
Erased 1 sectors
Writing to Flash... done
Protected 1 sectors
```

Le noyau est tout d'abord chargé en RAM à l'adresse 0x200000 (valeur de la variable loadaddr) :

```
Versatile # tftp
Using MAC Address 52:54:00:12:34:56
TFTP from server 192.168.3.1; our IP address is 192.168.3.2
Filename 'uImage'.
Load address: 0x200000
Loading: #########################################
...
done
Bytes transferred = 1400992 (1560a0 hex)
```

On doit ensuite effacer la flash, puis copier le contenu téléchargé en RAM vers la zone de flash réservée au noyau (secteurs 2 à 32, les secteurs 1 et 2 étant réservés à U-Boot).

```
Versatile # run kern_erase
Un-Protect Flash Sectors 2-32 in Bank # 1
Erase Flash Sectors 2-32 in Bank # 1
........................... done

Versatile # run kern_write
Copy to Flash... done
Protect Flash Sectors 2-32 in Bank # 1
```

On réalise la même opération avec l'image du root-filesystem correspondant au fichier rootfs.jffs2. La zone de flash correspond aux secteurs 33 à 255.

```
Versatile # tftp 200000 rootfs.jffs2
Using MAC Address 52:54:00:12:34:56
TFTP from server 192.168.3.1; our IP address is 192.168.3.2
Filename 'rootfs.jffs2'.
Load address: 0x200000
Loading: #############################################################
...
done
Bytes transferred = 2883584 (2c0000 hex)

Versatile # run root_write
Copy to Flash... done
Protect Flash Sectors 33-255 in Bank # 1

Versatile # run root_write
Copy to Flash... Flash not Erased
Protect Flash Sectors 33-255 in Bank # 1
```

Il reste à affecter la valeur de bootargs qui contient entre autres la définition des zones de mémoire de la flash dans le paramètre mtdparts :

```
Versatile # run flashargs
Versatile # pri bootargs
bootargs=console=ttyAMA0 mem=32M root=/dev/mtdblock2 rootfstype=jffs2
mtdparts=physmap-flash.0:0x80000(u-boot)ro,0x7c0000(kernel),-(rootfs)
Versatile # saveenv
```

Le principe du paramètre mtdparts est de définir la taille de chaque partition identifiée par une chaîne de caractères, soit dans notre cas u-boot, kernel et rootfs. La taille peut être exprimée de plusieurs manières – hexadécimal, kilo-octets en utilisant la lettre k, mégaoctets en utilisant la lettre M. Le signe - (moins) utilisé pour la partition root-filesystem indique que nous prenons le reste de l'espace disponible. L'option ro précisée pour la partition U-Boot indique que l'on ne pourra pas modifier cette partition depuis Linux, ce qui est une sage précaution étant donné que, si U-Boot est corrompu, la carte ne démarrera plus.

La flash est identifiée par le nom physmap-flash.0, le chiffre 0 correspondant au numéro de la flash s'il y en a plusieurs. Le nom de la flash est également affiché dans les traces du noyau lors du démarrage.

> **REMARQUE**
>
> Il n'existe pas à notre connaissance de documentation précise concernant la syntaxe de ce paramètre. Le fichier Documentation/kernel-parameters.txt renvoie pour cela au code source du noyau, en l'occurrence le fichier drivers/mtd/cmdlinepart.c !

On peut alors démarrer le système en utilisant la commande bootm et l'adresse d'écriture du noyau en mémoire flash. On arrive à la bannière Buildroot et l'on peut vérifier le type de root-filesystem (JFFS2) :

```
Versatile # bootm 34080000
...
Welcome to Buildroot (QEMU/ARM)
qemu_arm login: root
# mount
rootfs on / type rootfs (rw)
/dev/root on / type jffs2 (rw,relatime)
```

Conclusion

Ce chapitre nous a permis d'aborder de manière concrète l'installation et l'utilisation du bootloader U-Boot. À la version près, la procédure est strictement la même sur d'autres cibles (i.MX6 ou autres), et le système de définition des macros est identique.

Points clés

- Pour la plupart, les cartes actuelles utilisent U-Boot et des mémoires flash de type eMMC.
- La production du bootloader est intégrée aux outils comme Buildroot ou Yocto (`bitbake u-boot` dans le cas de Yocto).

8

Étude de cas « IoT »

Pour terminer cet ouvrage, nous allons proposer une étude de cas mettant en pratique quelques sujets étudiés autour de Yocto. Afin d'être dans l'air du temps, nous proposons de construire un équipement « IoT » sur la base d'une carte Raspberry Pi Zero W (avec Wi-Fi), à laquelle nous aurons ajouté un capteur de température et de pression connecté au bus I²C. Le but du système est d'envoyer les valeurs mesurées à un serveur en utilisant le protocole MQTT. Les valeurs courantes, ainsi qu'un historique, seront disponibles grâce à une application Android développée pour la démonstration. Pour ce faire, nous utiliserons une image produite par Yocto et enrichie de quelques composants dédiés.

Introduction

Cet exemple est au départ un démonstrateur développé pour l'offre IoT de la société Smile (Quickstart IoT). Créé à l'été 2016, il a beaucoup évolué au cours de ces derniers mois, en particulier à l'occasion du salon SiDO 2016 à Lyon et de diverses conférences et ateliers (dont les JDEV/CNRS 2017, à Marseille). La dernière version simule un compteur électrique intelligent, qui enregistre la consommation de divers équipements (chauffage, éclairage, etc.) et en déduit une consommation instantanée, publiée sur un serveur via MQTT. Dans le cas présent, nous allons nous limiter au chauffage en considérant que la consommation suit une loi linéaire par rapport à la température et que, à partir d'une certaine valeur de température, le chauffage n'est plus nécessaire (la consommation associée tombant alors à zéro).

La configuration matérielle est constituée d'une Raspberry Pi Zero W (version avec Wi-Fi) et d'un capteur MPL115A2 disponible chez Snootlab (voir http://snootlab.com/ adafruit/732-capteur-barometrique-pression-temperature-mpl115a2-i2c-fr.html). La démonstration est bien entendu réalisable sur une Raspberry Pi 3 (qui dispose du même contrôleur Wi-Fi) ou n'importe quelle carte disposant de Wi-Fi et d'un bus I²C.

Bus I²C

Le bus I²C *(Inter Integrated Circuit)* a été créé par Philips au début des années 1980, afin de faciliter la communication entre des composants électroniques. Le bus utilise simplement quatre fils :

- SDA pour les données ;
- SCL pour l'horloge ;
- une masse ;
- une alimentation.

Le débit initial était de 100 kbits/s, mais il peut monter à 3,4 Mbits/s en mode high-speed (1998). Chaque composant utilise une adresse sur un octet et la communication est toujours à l'initiative du maître du bus. Le schéma ci-après décrit l'interconnexion I²C entre un maître (carte Arduino) et trois esclaves.

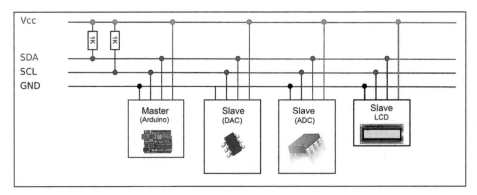

Maître et esclaves sur un bus I²C

Pour notre exemple, nous présentons ci-après le schéma de connexion du capteur MPL115A2 à la carte Raspberry Pi Zero W. La consommation étant faible, on peut envisager d'utiliser le câble console USB – cité dans le chapitre sur U-Boot – afin de fournir l'alimentation. Ce câble sera connecté aux signaux 5V, GROUND, TDX et RXT sur la partie droite du schéma.

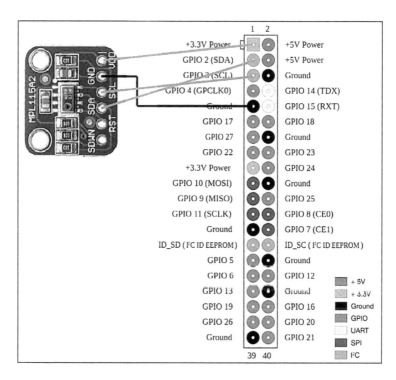

Carte Pi Zero W équipée du capteur I²C

Dans le cas de Linux, la prise en charge du bus I²C s'effectue grâce au pilote du contrôleur de bus (soit *i2c_bcm2708* pour la Raspberry Pi Zero). Le pilotage d'un périphérique I²C est réalisé par un fichier spécial de type /dev/i2c-1 créé lors du chargement du module *i2c_dev*. L'exploitation d'un périphérique I²C ne nécessite donc pas l'écriture d'un pilote.

```
# ls -l /dev/i2c-1
crw-------   1 root      root       89,   1 Jan  1  1970 /dev/i2c-1

# lsmod | grep i2c
i2c_dev 6834 0 - Live 0xbf220000
i2c_bcm2708 5708 0 - Live 0xbf01f000
```

Le paquet *i2c-tools* contient des commandes permettant d'exploiter un périphérique (i2cdetect, i2cdump, i2cget, i2cset). Dans notre configuration d'exemple, on peut tester i2cdetect en scannant le bus numéro 1 (seul bus disponible sur la Raspberry Pi Zero) ; on détecte bien notre périphérique à l'adresse 0x60.

```
# i2cdetect -y 1
     0  1  2  3  4  5  6  7  8  9  a  b  c  d  e  f
00:          -- -- -- -- -- -- -- -- -- -- -- --
10: -- -- -- -- -- -- -- -- -- -- -- -- -- -- -- --
20: -- -- -- -- -- -- -- -- -- -- -- -- -- -- -- --
30: -- -- -- -- -- -- -- -- -- -- -- -- -- -- -- --
40: -- -- -- -- -- -- -- -- -- -- -- -- -- -- -- --
50: -- -- -- -- -- -- -- -- -- -- -- -- -- -- -- --
60: 60 -- -- -- -- -- -- -- -- -- -- -- -- -- -- --
70: -- -- -- -- -- -- -- --
```

Construction de l'image

La carte fonctionnera sous Linux, et nous utiliserons l'outil Yocto pour produire l'image. Bien entendu, une version basée sur Buildroot, ou au pire sous Raspbian, est tout à faire envisageable.

> **REMARQUE**
>
> Dans le numéro 18 de la revue *Open Silicium*, nous avions publié un article sur la réalisation d'un distributeur de croquettes *connecté* dans le but de satisfaire un chat gourmand et exigeant (un chat normal, en fait). L'image de distribution était produite grâce à Buildroot (voir http://connect.ed-diamond.com/Open-Silicium/OS-018/Prototypage-IoT-avec-Buildroot).

La couche *meta-raspberrypi* contient la configuration adaptée à la Raspberry Pi Zero W. En première approximation, il suffit d'utiliser la configuration suivante dans le fichier local.conf :

```
MACHINE = "raspberrypi0-wifi"
```

La construction de l'image s'effectue ensuite par la commande bitbake rpi-basic-image. On crée la micro-SD en utilisant dd comme décrit dans le chapitre consacré à Yocto.

Dans la suite du chapitre, les modifications seront apportées à l'image standard par le biais d'une couche *meta-iot*, dans laquelle nous pourrons ajouter des recettes (fichiers .bb) ou bien étendre des recettes existantes en utilisant le principe des fichiers .bbappend.

Connexion Wi-Fi

L'utilisation d'une connexion Wi-Fi n'a pas encore été traitée dans cet ouvrage. La configuration de l'image est relativement simple, même si la documentation n'est pas toujours très claire. Il existe une solution basée sur l'ajout de la feature *wifi* à la distribution, mais nous avons utilisé une autre méthode. Dans tous les cas, la connexion Wi-Fi utilise *WPA supplicant*, dont l'utilisation est déjà prévue dans le fichier /etc/network/interfaces. Voici un extrait de ce fichier :

```
# Wireless interfaces
iface wlan0 inet dhcp
  wireless_mode managed
  wireless_essid any
  wpa-driver wext
  wpa-conf /etc/wpa_supplicant.conf

iface atml0 inet dhcp

# Wired or wireless interfaces
auto eth0
iface eth0 inet dhcp
iface eth1 inet dhcp
```

Nous pouvons d'ores et déjà ajouter les recettes suivantes, dont le *firmware* du contrôleur Wi-Fi de la Raspberry Pi Zero W (qui fonctionne également sur la Pi 3), au fichier local.conf :

```
IMAGE_INSTALL_append = " iw wpa-supplicant linux-firmware-bcm43430"
```

Outre l'utilisation du fichier wpa_supplicant.conf, nous notons que l'interface wlan0 n'est pas activée au démarrage (contrairement à eth0). Il est donc nécessaire de remplacer la ligne auto eth0 par auto wlan0 grâce à une recette étendue. On en déduit l'arborescence – partielle – de la couche *meta-iot* :

```
$ tree meta-iot/recipes-core/init-ifupdown/
meta-iot/recipes-core/init-ifupdown/
├ files
│ └ interfaces
└ init-ifupdown_1.0.bbappend
```

Le contenu du fichier .bbappend est sans surprise, et le nouveau fichier interfaces contient simplement une ligne modifiée par rapport à l'original, soit auto wlan0 :

```
$ cat meta-iot/recipes-core/init-ifupdown/init-ifupdown_1.0.bbappend
FILESEXTRAPATHS_prepend := "${THISDIR}/files:"
```

Pour le fonctionnement de la connexion, il conviendra d'ajouter au fichier `wpa_supplicant.conf` la ligne définissant le nom du réseau SSID, ainsi que le mot de passe, en utilisant la commande `wpa_passphrase`.

Utilisation du capteur I²C (MPL115A2)

Un bus I²C est disponible sur les connecteurs P1 de la Raspberry Pi. Dans cette section, nous allons voir comment activer le bus dans le système et charger automatiquement le pilote noyau. Nous verrons ensuite comment exploiter le capteur MPL115A2.

Configuration du bus I²C

Le bus I²C n'est pas activé par défaut dans la configuration initiale de la carte, et il est nécessaire d'ajouter la ligne `dtparam=i2c_arm=on` au fichier `config.txt`. Pour cela, on met en place un fichier `.bbappend` pour la recette `rpi_config_git.bb` fournie dans *meta-raspberrypi* :

```
$ tree meta-iot/recipes-bsp/
meta-iot-jdev/recipes-bsp/
└bootfiles
  └rpi-config_git.bbappend
```

Le fichier contient la définition d'une fonction `do_deploy_append()` ajoutant la ligne nécessaire au fichier `config.txt` :

```
$ cat meta-iot/recipes-bsp/bootfiles/rpi-config_git.bbappend

do_deploy_append() {
    # Enable i2c by default
    echo "dtparam=i2c_arm=on" >> ${DEPLOYDIR}/bcm2835-bootfiles/config.txt
}
```

L'utilisation du bus I²C nécessite le chargement du module *i2c-dev*. Ce point peut être réalisé en créant un fichier `.bbappend` pour la recette du noyau :

```
$ cat meta-iot/recipes-kernel/linux-raspberrypi/linux-raspberrypi_4.4.bbappend
KERNEL_MODULE_AUTOLOAD += "i2c-dev"
```

Pilotage du capteur MPL115A2

Il existe diverses manières de piloter le capteur MPL115A2, mais nous avons décidé d'utiliser un programme en C issu d'un article disponible sur http://raspberrypihobbyist. blogspot.fr/2015/03/using-mpl115a2-to-read-temperature-and.html. Le programme `mpl115a2` sera appelé régulièrement dans un script `get_power.sh` exécuté comme un service au démarrage de la carte. Le script est une boucle infinie qui obtient la valeur de la température et en déduit l'énergie consommée pour le chauffage. À intervalles réguliers, une trame au format JSON est envoyée en utilisant MQTT (commande mosquitto_pub). Si la température est supérieure à une valeur donnée T_MAX, la consommation P_HEAT passe à 0 et l'alimentation S passe sur batterie. Nous présentons ci-après un extrait du script :

```
while [ 1 ]
do
    if [ $? -eq 0 ]; then
        if [ $T -ge $T_MAX ]; then
        S=BATT
        P_HEAT=0
        else
        S=AC
        P_HEAT=$(get_heat_power $T)
        fi
    else
     ...
    fi

    # Init frame
    echo "{ \"first_name\" : \"${FIRST_NAME}\", \"last_name\" : \"${LAST_
NAME}\", \"location\" : \"${LOCATION}\", \"customer_id\" : \"${CUSTOMER_
ID}\", \"usb\" : [ ], \"lights\" : [ { \"id\" : \"1\",     \"power\" : \"0\"
}, { \"id\" : \"2\", \"power\" : \"0\" }, { \"id\" : \"3\", \"power\" :
\"0\" }, { \"id\" : \"4\", \"power\" : \"0\" } ]," > $JSON_FRAME

    # Get total power
    PALL=${P_HEAT}

    # Update frame
    echo "\"heat\" : { \"power\" : \"${P_HEAT}\" }, \"all\" : { \"power\" :
\"${PALL}\" }, \"source\" : { \"status\" : \"${S}\" } }" >> $JSON_FRAME

    N=$(expr $N + $LOOP_DELAY)

    # MQTT
    if [ $N -ge $MQTT_DELAY ]; then
        N=0
        mosquitto_pub -h ${MQTT_SERVER} -t ${MQTT_TOPIC} -m "$(cat
$JSON_FRAME)"
    fi

    sleep $LOOP_DELAY
done
```

REMARQUE

Nous aurions pu également utiliser le service CRON permettant d'exécuter une tâche à intervalles réguliers.

Le script init assure le démarrage/arrêt du service à la mode SysVinit :

```
#!/bin/sh

NAME=mpl115a2

case "$1" in
  start)
    echo -n "Starting $NAME"
    /usr/bin/get_power.sh &
    ;;
  stop)
    echo -n "Stopping $NAME"
    killall get_power.sh
    ;;
  restart)
    $0 stop
    $0 start
    ;;
  *)
    N=/etc/init.d/$NAME
    echo "Usage: $N {start|stop|restart}" >&2
    exit 1
    ;;
esac

exit 0
```

L'arborescence de la recette est donc la suivante :

```
$ tree meta-iot/recipes-core/mpl115a2
meta-iot-jdev/recipes-core/mpl115a2/
⊢ files
│  ⊢ COPYING
│  ⊢ get_power.sh
│  ⊢ init
│  └mpl115a2.c
└mpl115a2_1.0.bb
```

Le fichier mpl115a2_1.0.bb utilise la classe *update-rc.d*. Le nom du service est défini par la variable INITSCRIPT_NAME et le niveau d'exécution 99 par INITSCRIPT_PARAMS. Pour l'accès au bus I²C, le programme utilise la bibliothèque *WiringPi* fournie avec la couche *meta-raspberrypi*.

```
DESCRIPTION = "MPL115A2 utility"
SECTION = "examples"
LICENSE = "GPLv2"
LIC_FILES_CHKSUM = "file://COPYING;md5=8ca43cbc842c2336e835926c2166c28b"
```

```
SRC_URI = "file://mpl115a2.c file://COPYING file://init
file://get_power.sh"

DEPENDS = "wiringpi"

inherit update-rc.d

S = "${WORKDIR}"

INITSCRIPT_NAME = "mpl115a2"
INITSCRIPT_PARAMS = "defaults 99"

do_compile() {
        ${CC} ${CFLAGS} ${LDFLAGS} mpl115a2.c -o mpl115a2 -lwiringPi
-lpthread
}

do_install() {
        install -d ${D}${bindir}
        install -m 0755 mpl115a2 ${D}${bindir}
        install  m 0755 get_power.sh ${D}${bindir}
        install -d ${D}${sysconfdir}/init.d
        install -m 0755 ${WORKDIR}/init  ${D}${sysconfdir}/init.d/mpl115a2
}
```

Ajout de MQTT

MQTT *(Message Queue Telemetry Transport)* est un protocole basé sur TCP/IP, initialement développé par IBM. Il existe désormais de nombreuses implémentations de MQTT, dont *Mosquitto* de la fondation Eclipse (https://mosquitto.org). MQTT est basé sur un principe de *publish/subscribe* identifié par un « topic » (sujet). Un client publie les trames pour un topic donné vers un *broker* MQTT. Les clients qui ont souscrit au topic reçoivent les trames. La fondation Eclipse fournit un broker MQTT ouvert à l'adresse iot.eclipse.org.

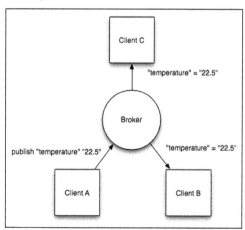

Fonctionnement de MQTT

Sur la figure précédente, les valeurs du topic *temperature* sont publiées par le client A et reçues par les clients B et C. La recette des clients MQTT (mosquitto_pub dans notre cas) est disponible dans une couche fournie par Intel, sur http://git.yoctoproject.org/cgit/cgit.cgi/meta-intel-iot-middleware.

Recette de l'image

L'image est basée sur *core-image-minimal*, à laquelle on a ajouté les recettes décrites :

```
$ cat meta-iot/recipes-core/images/rpi-iot-image.bb
# Base this image on core-image-minimal
include recipes-core/images/core-image-minimal.bb

IMAGE_FEATURES += "package-management allow-empty-password
empty-root-password"

# Pi3 / Pi0-W (Wi-Fi)
IMAGE_INSTALL += "kernel-modules wiringpi i2c-tools iw wpa-supplicant
mpl115a2 mosquitto-clients linux-firmware-bcm43430"
```

La construction de l'image par bitbake rpi-iot-image nécessite d'ajouter les layers *meta-iot* et *meta-intel-iot-middleware* :

```
$ bitbake-layers add-layer <path>/meta-intel-iot-middleware
$ bitbake-layers add-layer <path>/meta-iot
```

Visualisation des données

Comme nous l'avons déjà précisé au début du chapitre, il est nécessaire de définir au premier démarrage le nom du réseau Wi-Fi, ainsi que le mot de passe, dans le fichier /etc/wpa_supplicant.conf. Pour cela, on utilise la commande wpa_passphrase :

```
root@raspberrypi0-wifi:~# wpa_passphrase <nom-réseau> <mot-de-passe> > /etc/
wpa_supplicant.conf

root@raspberrypi0-wifi:~# ifup wlan0
```

Sur une autre machine, on peut s'abonner au topic utilisé par la carte et on doit pouvoir visualiser les trames :

```
$ mosquitto_sub -h iot.eclipse.org -t <topic>
{ "first_name" : "Pierre", "last_name" : "FICHEUX", "location" : "Arcachon",
"customer_id" : "1", "usb" : [ ], "lights" : [ { "id" : "1", "power" :
"0" }, { "id" : "2", "power" : "0" }, { "id" : "3", "power" : "0" },
{ "id" : "4", "power" : "0" } ],
...
```

On peut également visualiser les données en utilisant l'application mobile dédiée.

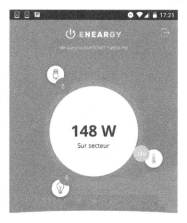

Visualisation des données avec l'application Android

Conclusion

Ce petit exemple simple nous a permis de mettre en pratique le chapitre consacré à Yocto, tout en construisant une petite maquette sympathique. Hormis l'utilisation de *WiringPi* (spécifique à la Raspberry Pi), cet exemple est utilisable sur n'importe quelle carte fonctionnant sous Linux.

Exercice (***)

Réalisez la même maquette avec Buildroot !

Index